가정사역 부부학교 초급 과정 개정판

발행처 | 사단법인 지구촌가정훈련원

발행인 | 이희범

기획 | 우영석, 오강근

지은이 | 이희범

펴낸이 | 원성삼

본문 및 표지디자인 | 변현정

펴낸곳 | 예영커뮤니케이션

개정 1쇄 발행 | 2018년 3월 5일

개정 3쇄 발행 | 2024년 11월 4일

등록일 | 1992년 3월 1일 제2-1349호

주소 | 03128 서울시 종로구 대학로3길 29, 313호(연지동, 한국교회100주년기념관)

전화 | (02)766-8931

팩스 | (02)766-8934

이메일 | jeyoung_shadow@naver.com

ISBN 978-89-8350-986-4 (03230)

값 23,000원

가 정 사 역

부부학교

초급 과정
개정판

가 정 사 역

부부학교

이희범 지음

사단
법인 **지구촌가정훈련원**
Global Family Training Center

사랑하는 부부 여러분!

하나님은 완성된 천국의 모형과 그림자로 가정을 주셨습니다. 가정에서 천국의 기쁨을 발견하지 못하면 천국에 대한 이해는 피상적일 수밖에 없습니다. 그래서 천국의 축복을 충분히 이해하려면 먼저 가정의 축복을 누릴 수 있어야 합니다. 우리 지구촌가정훈련원에서 열리고 있는 '부부학교'는 부부들이 회복되고 가정과 교회와 일터에서 건강하고 행복한 삶을 살아가도록 돕는 부부훈련 프로그램입니다.

가정은 본래 하나님께서 에덴동산에서 창조하신 신비이며 축복입니다. 남편과 아내, 자녀들은 하나님의 소중한 축복의 선물들이며 장차 올 천국의 모형입니다. 하나님께서 창조하신 가정 안에는 학문적 논리로 설명할 수 없는 놀라운 비밀이 숨겨져 있습니다.

그러나 지금 우리 주변에는 배우자에 대한 신뢰나 진실한 사랑 없이 고통과 절망 속에서 살아가고 있거나 마치 흔들다리를 건너가는 것처럼 아슬아슬한 부부관계를 유지하고 있는 사람들이 많습니다. 일반적으로 사람들은 결혼을 하면 배우자와의 특별한 관계, 사랑의 관계를 유지하며 행복하게 살아갈 것이라고 생각합니다. 또한 일생동안 변함없이 건강한 가정을 만들어 나갈 것이라고 생각합니다. 그러나 이러한 기대와 희망은 오래가지 않아 깨지고 너무나 다른 현실에서 경험되어지는 심리적, 정신적 고통 때문에 서로에게 깊은 상처를 주며 가정을 위태롭게 만듭니다.

복잡하고 치열한 경쟁사회에서 현대의 부부들은 자신의 문제를 해결할 수 있는 능력과 에너지를 다른 곳에 빼앗기며 살고 있습니다. 사회적 성취와 경제적 풍요, 자녀교육을 위해 망가져 가고 있는 자신들의 부부관계를 방치하고 있거나 배우자와의 관계 개선을 전혀 불가능한 것으로 생각하는 사람들이 많고 개선에 대한 노력을 포기하고 체념해버린 부부들도 많이 있습니다. 이런 가정은 부부간 상호작용을 단절시켜 부부관계를 더욱 병들게 하고 가족 전체를 병들게 합니다. 가정 행복은 '행복해야겠다'는 강한 의지가 있을 때 그리고 그 선택과 더불어 구체적인 노력을 기울일 때 얻어질 수 있습니다.

가정 안에는 가족 구성원들이 조화롭게 살기 위해서 필요한 것들이 있습니다. 즉 관계를 아름답게 맺는 능력, 가정을 유지할 수 있는 경제력, 가족에 대한 비전을 갖게 하는 정신적 능력, 가족이라는 틀을 지켜가기 위한 가족 규칙, 규범, 통제체계 등이 필요합니다. 이러한 다양한 요소들이 제대로 어우러질 때 가족은 안정되고 가족관계는 성장 발전할 수 있게 됩니다.

본 부부훈련 프로그램은 부부관계 개선을 위한 상호작용 능력을 개발시켜 줄 것입니다. 그래서 부부가 서로를 더 깊이 이해하고 사랑하며 하나님께서 만드신 아름다운 가정을 회복하고 성장 발전해 나갈 수 있게 합니다. 헌신된 부부의 따뜻한 친밀감이 향상되어서 아름다운 열매로 하나님 나라를 풍성하게 경험하게 될 것입니다.

사랑하는 부부 여러분!

우리에게 생명을 주신 주님은 우리가 "생명을 얻고 더 풍성히 얻기"를 기대하고 계십니다(요 10:10). 본 훈련에 최선을 다하셔서 사랑하는 배우자와 자녀와의 긴 인생 여정이 더욱 행복해지기를 기도합니다.

끝으로 고급의 삶의 질을 선택하신 여러분들을 축복하며 오늘 이 선택의 순간부터 가정의 행복을 위해 구체적인 노력, 즉 수고와 인내를 기꺼이 감당해 주시기를 부탁드립니다.

감사합니다.
사랑합니다.

사단법인 지구촌가정훈련원

원장 이 희 범

목표

부부를 바로 세워 가정을 튼튼하게 합니다.
'기본 터가 무너지는' 이 시대 가정 행복은 생각과 소망만으로는 이루어지지 않습니다.
행복은 훈련하는 만큼 얻어질 수 있습니다.
훈련을 통하여 서로의 차이에 대한 이해와 수용을 배우고
섬김과 수고를 통하여 하나님께서 창조하신 가정을 회복합니다.

Vision

하나님을 기쁘시게.
부부를 건강하게.
가정을 행복하게.
이 땅의 모든 가정을 행복하게 세웁니다.
풍성한 가정 위해 건강한 부부를 세웁니다.
행복한 자녀 위해 훌륭한 부모를 세웁니다.
가정을 교회같이 교회를 가정같이 세웁니다.

New 인생설계

아담과 하와를 축복하신 하나님의 뜻 안에서
가정사역의 풍부한 지식과 상담경험을 가진 각 지역의 리더 가정에서
3-4 부부가 함께 새로운 인생을 설계합니다.
격주로 12회 모여 성경적 결혼관, 부부 대화법, 가정 경제 원리, 부부의 성, 자녀교육 등
강의와 토의, 나눔으로 복음적 믿음생활과 성경적인 부부상을 세워
지나온 삶을 진단하고 앞으로 새로운 인생을 부부가 함께 설계합니다.

이 워크북을 사용하시는 분들께

부부와 가정의 행복한 삶을 위한 본 워크북은, '아름다운 사람·행복한 가정·건강한 세상'을 이 땅 위에 건설하기 위하여 만들어졌습니다. 이 워크북은 소그룹에서만이 사용 가능하며 그룹 멤버들의 삶을 공유하고 나누도록 편집되어 있어 대중적인 세미나 형식의 교재로는 적합하지 않음을 알려 드립니다. 물론 개인적으로 학습하여도 어느 정도 도움이 되리라 생각합니다. 그러나 소그룹에서 경험할 수 있는 역동적인 감동과 치유의 효과는 기대하기 어렵습니다(특수한 환경으로 인하여 소그룹 훈련이 여의치 않으신 분들에게만 적용됩니다).

- 본 교재는 '부부학교' 워크숍에 참여하시는 모든 지원자 부부께 배부합니다.

- 각 교회에서나 단체나 개인도 사용할 수 있습니다. 그러나 본 훈련원에서 소그룹으로 운영하는 그 기본정신과 본질을 떠나서 사용할 때에는 많은 부작용이 나타날 수 있음을 명심해 주십시오.

잠깐 Test '사 랑 의 지 도' 설 문 지

감성지수가 높은 부부는 서로의 세계에 대하여 매우 이해력이 높다. 존 가트맨(John Gottman) 박사는 '배우자의 생활에 대하여 모든 적절한 정보를 저장하고 있는 당신의 두뇌 부위'를 "사랑의 지도(love map)"라고 부른다. 아래 질문에 솔직하게 답하면 사랑의 지도를 얻을 수 있다.

각 질문을 읽고 동의하면 O, 그렇지 않으면 X표를 하라.

___ 1. 나는 배우자의 친구 3명의 이름을 말할 수 있다.

___ 2. 나는 배우자가 현재 받고 있는 스트레스를 말할 수 있다.

___ 3. 나는 최근 배우자를 불쾌하거나 짜증나게 한 사람을 알고 있다.

___ 4. 나는 배우자의 필생의 꿈 몇 가지를 말할 수 있다.

___ 5. 나는 배우자의 종교적 믿음과 관념들에 매우 익숙하다.

___ 6. 나는 배우자의 기본적 생활철학을 잘 알고 있다.

___ 7. 나는 배우자가 가장 싫어하는 친척들을 열거할 수 있다.

___ 8. 나는 배우자가 가장 좋아하는 음악을 알고 있다.

___ 9. 나는 배우자가 가장 좋아하는 영화 세 가지를 말할 수 있다.

___10. 나의 배우자는 내가 받고 있는 스트레스를 잘 알고 있다.

___11. 나는 배우자의 인생 중 가장 특별한 경험 세 가지를 말할 수 있다.

___12. 나는 배우자가 어릴 때 가장 힘들었던 일이 무엇인지 안다.

___13. 나는 배우자가 가지고 있는 포부와 소망을 말할 수 있다.

___14. 나는 배우자가 현재 가지고 있는 걱정거리를 말할 수 있다.

___15. 나의 배우자는 내 친구들이 누구인지 알고 있다.

___16. 나는 배우자가 복권에 당첨되면 가장 먼저 할 일을 알고 있다.

___17. 나는 배우자의 첫 인상을 상세히 말해 줄 수 있다.

___18. 나는 배우자의 근황을 수시로 물어본다.

___19. 나는 배우자가 나에 대하여 잘 알고 있다고 느낀다.

___20. 나의 배우자는 나의 포부와 소망을 익숙히 알고 있다.

채점 : ○표에 1점씩을 주어 자신의 점수를 계산한다.

하나. 나는 부부학교 초급 과정 이수기간 동안 12번의 모임에 참석하는 것을 삶의 가장 우선순위에 둘 것을 약속하며 2회 이상 결석 시에는 팀에서 결정하는 조치에 순복하겠습니다.

두울. 나는 매 시간 모임에 절대로 늦지 않을 것을 약속합니다. 결석 뿐 아니라 지각할 경우에도 팀에서 약속한 벌금을 기쁨으로 내겠습니다.

세엣. 나는 자신과 배우자의 성장과 변화를 위하여, 또한 다른 팀원들과의 의미 있는 교류를 위하여 받은 과제들을 성실하게 할 것을 약속합니다.

네엣. 나는 팀 안에 신뢰의 분위기를 형성하기 위하여 최선의 노력을 할 것이며 팀 안에서 나누어진 모든 이야기들을 비밀로 할 것에 동의합니다. 만약 규칙을 어길 시에는 팀을 떠나도록 요구될 수 있음을 인정합니다.

다섯. 나는 나 자신과 그리고 배우자에 대하여 정확하고 솔직할 것에 동의합니다.

여섯. 나는 나의 성장을 위하여 팀원이 사랑 안에서 도전을 주는 것을 허락합니다.

일곱. 나는 이 과정을 이수하는 동안 다른 팀원들의 이름이나 직분을 부르지 않겠으며 스스로 정한 애칭을 부를 것을 약속합니다.

여덟. 나는 팀원에게 피드백을 줄 때 피상적인 대답(예/"기도하면 모든 문제가 해결돼요!")이나 책에서 읽은 원칙을 제시하기보다는 먼저 상대방의 아픔을 이해하고 공감하려고 노력하겠습니다.

_____ 년   월   일

성명 _____   서명 _____

목 차

하나. 주님의 이름으로 당신을 축복합니다. 이 과정을 통하여 당신은 당신 가정과 부부를 향하신 하나님의 선하신 목적과 계획을 발견하게 될 것입니다. 또한 당신과 배우자가 놀랍게 변화되어 가는 모습을 보게 될 것이며 그로 인하여 우리 주님과 당신의 자녀들이 기뻐하는 것을 보게 될 것입니다.

둘. 본 과정은 하나님과의 관계를 가로막는 정서적, 영적 장애물들을 극복할 수 있도록 도울 것이며 부부가 하나 되어 살아가는 지혜를 얻도록 도울 것입니다. 그리고 당신의 상처받은 자아를 건강한 자아로 회복시켜 모든 인간관계에서 실제적인 도움을 제공해 줄 것이며 기쁨과 감사의 삶을 살도록 도울 것입니다.

셋. 본 과정은 신중하게 선발된 팀 리더 부부에 의하여 각 지역에서 진행됩니다. 부부학교의 리더는 실력보다는 사랑과 섬김을 우선합니다. 자신의 리더 부부를 위하여 기도해 주십시오! 본부와 각 지부 그리고 함께하는 팀원 부부들을 위하여도 지속적인 기도를 부탁드립니다. "기도 없이는 어떤 일도 성공할 수 없습니다(E.M. 바운즈)."

넷. 본 과정은 6개월 과정입니다(전반기 3-8월, 후반기 9-2월). 격주 정해진 요일에 모이는 것을 원칙으로 하며, 식사는 리더 가정에서 준비하되 사정에 따라 한 가정이 한 접시씩 준비해 와서 같이 나눠 먹을 수도 있습니다. 정시에 시작할 수 있도록 도우시고 설거지는 모임 후에 남편들이 하는 것을 교과 과정으로 실행합니다.

다섯. 모임 순서는 이렇습니다. 식사 후 찬양과 노래를 20분 정도 부른 다음 과제물(암송, 체크리스트, 독후감, 개인과제)을 확인하고 팀원들이 돌아가며 지난 2주간에 있었던 삶 중에서 특기할 만한 사건 하나씩을 이야기하고 다른 팀원들은 피드백을 간단히 줍니다(40분). 다음은 교재에 의한 당일 주제를 약 40분간 공부합니다. 그리고 당일 교재에 의한 토의사항을 기록하고 나눔 시간을 약 100여 분 갖습니다. 팀원이 겪고 있는 어려움이 제시될 경우 이 문제도 이 시간에 다루게 됩니다. 중요한 것은 팀원들이 이 시간에 실제적인 도움을 얻게 되고 문제 해결을 받게 되도록 모두가 돕는 것입니다. 마지막 10분은 부부가 함께 당일 다루었던 주제 가운데 다하지 못한 이야기를 나눌 수 있도록 부부가 손을 마주잡고 눈을 바라보며 진지한 대화 시간을 갖습니다. 그리고 서로 기도 제목을 나누고 함께 중보기도 후 마칩니다.

여섯. 부부학교 워크숍 모임은 말씀에 대한 지적(知的)인 토론을 벌이는 곳이 아닙니다. 마음과 마음이 만나 마음의 상처를 치료받고 구체적인 도움을 얻는 모임입니다.

일곱. 다른 팀원에게 피드백을 줄 때에는 가르치려 하지 말고 질문이나 자신의 경험만을 이야기해 주십시오. 이 모임은 우월한 입장에서 상대방을 이끌기보다는 동등한 입장에서 상대방이 스스로 문제를 해결할 수 있도록 돕는 역할을 배우는 모임임을 유념해 주십시오.

여덟. 이 모임은 인간의 내면을 치유하는 모임입니다. 내적치유는 자신을 노출하는 만큼 일어납니다. 교회에 다니는 많은 분들이 마음에 깊은 상처를 안고 삽니다. 그런데도 마음의 상처를 치유 받지 못하는 이유는 그 문제를 이야기할 만한 상대도, 이야기할 기회도 없기 때문입니다. 이런 상처를 치료받지 못하는 한 하나님께서 원하시는 온전한 그리스도인이 되기는 힘들며 온전한 삶을 살기도 힘이 듭니다. 신체적 장애가 있는 사람이 정상적인 사람과 똑같이 생활하기가 힘든 것처럼 내적상처를 치유 받지 못한 사람은 정상적인 신앙생활을 하기가 힘듭니다. 부부학교 워크숍은 이러한 상처를 치유 받게 하는 곳입니다. 자신의 문제를 다른 사람에게 이야기한다는 자체가 치유를 불러일으킵니다. 팀들의 중보기도와 사랑에 힘입어 치유되기도 합니다. 그러나 치유는 즉시 일어날 수도 있지만 보통은 시간이 많이 걸립니다. 팀원들은 치유가 끝날 때까지 지속적으로 도와주어야 합니다. 이 워크숍은 인간의 참된 만남과 내적치유를 경험하는 곳임을 유념해 주십시오.

아홉. 훈련기간 동안 최우선 순위로 이 시간에 초점을 맞추어 주십시오. 과제물을 꼭 하셔야 하며 실천 적용도 삶의 현장에서 그대로 적용해야 합니다. 본 과정의 특징과 장점이 바로 '적용을 통한 삶의 변화'이기 때문입니다.

- 체크리스트, 필독서 독후감, 적용 과제, 기타

열. 본 과정이 끝나면 재생산의 비전을 갖고, 중급과정에서 훈련받기를 바랍니다. 그리고 가정사역의 재생산을 하실 수 있도록 준비하시길 바랍니다. 지가원의 가정사역 과정들은 한국 교회 가정사역의 확산을 위해 개설된 것입니다. 내가 치유되고 나면 상처받아 신음하며 힘들게 살아가는 주위의 형제, 자매들이 보이게 됩니다. 그럴 때 여러분은 그 부부들을 위한 치유자로 섬겨 주셔야 합니다. 그것이 사랑입니다.

열하나. 필독서는 공동으로 구입합니다(워크북과 함께 배부하며 필요할 때 본부로 연락주시면 됩니다).

열둘. 팀 리더 부부를 중심으로 섬기는 식사는 훈련시간의 확보를 위해 간단한 간이식으로 하는 것을 원칙으로 합니다.

열셋. 팀장 부부를 다음 모임까지 선출해 주십시오. 팀장 부부는 이 모든 과정을 리더 부부와 함께 팀을 섬기게 됩니다.

열넷. 본 과정의 목표는 인간 변화에 있습니다. 따라서 삶에 구체적인 실천 적용이 따르지 않으면 또 하나의 이론이나 지식이 더 늘어나는 것 외에는 유익이 없습니다. 나의 성품과 삶이 변화되는 데 초점을 맞추십시오.

"성경을 우리에게 주신 목적은 우리의 삶을 변화시키는 데 있다(D. L. 무디)."

열다섯. 별도의 1박 2일간 부부 내적치유가 있습니다. 내적치유(Inner- Healing)는 부부관계의 깊은 뿌리까지 탐색해서 갈등의 뿌리를 뽑는 작업입니다. 부부간의 참 만남과 관계 향상을 위한 필수과정입니다.

열여섯. 1강이 시작되기 전에 필독서 『서로를 이해하기 위하여』(폴 투르니에/IVP)"를 읽어 오십시오.

특별히 팀 리더들은 이름도 빛도 없이 가정사역의 재생산을 위해 자기 가정을 열고 기도와 물질로, 사랑과 정성으로 여러분을 섬기는 너무나 귀중한 분들입니다.

"우리 가정 멋지게 세워 가야지요!"

주제 성구
시 127:1; 전 9:9

제1강 워크숍을 위한 Orientation

1. 우리 부부를 소개하는 시간입니다.

팀의 첫 모임입니다. 서로의 이해를 위하여 간단하게 자신의 가정을 소개해 봅시다. 이때 '우리 팀 가정들'을 기록합니다.

2. 1과 주제 구절을 함께 확인 암송합니다.

시 127:1; 전 9:9

3. 필독서를 통한 은혜를 나눕니다(독후감 발표).

1강 – 『서로를 이해하기 위하여』(폴 투르니에/IVP)

4. 팀원들과 워크숍 CHECK-LIST 결과를 나눕니다.

그날그날 기록하는 것이 무엇보다 중요합니다.

침실이나 안방에 붙여 놓으면 잊지 않고 할 수 있습니다.

배우자에 대한 객관적 평가를 매일 기록합시다.

1부는 복사해서 팀 리더에게 제출하시기 바랍니다.

5. 팀장 부부를 선출해 주십시오.

필독서 구입, 과제물의 회수, 팀 부부간의 연락 등을 담당할 팀장 부부를 오늘 선출하십시오.

6. 본 과정을 마칠 때까지 애칭으로 호칭해야 합니다.

하나님 앞에 모든 사람은 평등합니다. 교회나 사회의 계급적인 호칭은 자신도 모르게 상하 관계를 형성케하여 본래 의도한 훈련 목적에 장애를 줄 수 있습니다. 나이, 명함, 지위, 직분 등 모든 것을 내려놓고 평등한 한 사람으로 훈련에 임해 주십시오.

애칭은 다음 모임까지 팀 부부들께 공개하여 알려 주십시오.

7. 1:1의 짝을 정합니다.

짝이 정해지면 의무적으로 주 1회 이상 통화하여 주중에 경험한 은혜를 나누고 과제, 암송, 체크리스트, 필독서 등을 잘 할 수 있도록 권면합니다. "누이 좋고 매부 좋고" 식의 적당히는 안 됩니다(짝은 동성으로 정합니다).

8. 일주일에 두 가정 이상과 통화합니다.

서로 돌아보아 사랑과 선행을 격려하기 위해서(히 10:24-25)입니다.

1) 부부학교를 통해 주신 은혜

2) 삶(기도, QT, 말씀 읽기, 예배 등)을 통해 주신 복과 은혜

3) 기도 제목

4) 기타

9. 다음 과를 위한 암송 과제

창 2:24-25; 막 10:7-9

10. 필독서를 미리 읽으시고 독후감을 제출해 주십시오.

2강 –『사랑 그 이상의 결혼』(메이홀 부부/네비게이토)

독후감은 요약이 아닙니다. 깨달은 것을 간단히 적고 한 가지라도 적용하는 내용이 있어야 합니다.

11. 본 과정의 특징과 장점은 '적용을 통한 삶의 변화'입니다.

우선 우리 부부의 삶이 변화되어 주님이 마련하신 풍성한 부부의 삶을 누리며 또 다른 사람을 섬기는 데 초점을 맞추어 주십시오. 훈련기간 동안 우선순위를 두셔서 이 모임을 준비하시기 바랍니다. 과제물도 꼭 하시고 실천 적용도 삶의 현장에서 하도록 노력하십시오.

12. 기도해 주십시오.

1) 6개월 동안 함께 훈련받는 팀원들을 위하여

2) 리더 부부의 본이 되는 삶과 사역을 위하여

"내가 그리스도를 본 받았으니 너희는 나를 본 받으라."

3) 가정사역을 통한 한국 교회의 개혁과 부흥의 비전을 위하여

13. 끝으로

이 훈련 과정은 문제 있는 가정만 대상으로 하는 것은 결코 아닙니다. 오히려 정상적인 가정생활과 건전한 삶을 살고 있는 부부에게 더욱 풍성한 성경적인 삶과 그리고 고통 중에 신음하는 가정을 돕는 도우미로 세우기 위하여 이 훈련 과정이 마련되었음을 상기하시기 바랍니다.

시대를 초월해서 부실공사로 인한 크고 작은 사고들은 소박한 꿈을 안고 평범하게 살아가는 많은 국민들을 놀라게 했고 큰 염려와 고통을 안겨 주었습니다. 부실공사로 인한 인적, 경제적, 사회적, 국가적 손실은 작은 것이 아닙니다. 뿐만 아니라 전국 어디서든지 때와 장소를 불문하고 자신에게도 동일한 사고가 일어날 수 있다는 불안감과 강박 관념이 국민들의 정신건강 후유증으로 남았습니다.

그러나 이와는 비교할 수 없는 큰 손실을 우리는 매일 경험하면서 살고 있음을 알아야 합니다. 신문지상에서 매일 만나는 단어들은 '살인, 강간, 폭력, 마약, 알코올, 낙태, 가출, 퇴폐, 자살, 비행, 혼숙' 등과 같은 부실 인간들이 만들어 내는 부실 사회의 모습들입니다. 그리고 이러한 부실 사회 혼란의 근본 원인이 사회의 기본단위인 가정의 부실함 때문이라고 학자들은 말합니다.

오늘날 우리의 가정이 위기에 처해 있다는 사실을 모르는 사람은 아무도 없습니다. 나날이 증가되는 이혼율과 청소년들의 탈선, 자녀를 버리는 부모들과 연로한 부모를 버리는 자식들, 가정주부의 외도와 가출, 급증하는 미혼모의 임신과 출산, 폭력성과 음란성을 더해 가는 컴퓨터와 TV, 영화의 악영향, 마약과 알코올 중독, 청소년들의 범죄와 자살의 증가 등 사회의 온갖 병리적 현상들은 역기능 가정이 만들어 내는 결과물로 가정의 위기 상황은 날로 심각해지고 있는 실정입니다. 우리가 살고 있는 현대사회는 가정 파괴와의 전쟁을 치르고 있다 해도 과언이 아닙니다. 겉으로 보기에는 안전한 것 같은 가정도 안을 들여다보면 곳곳에 금이 가 있고, 물이 새지 않는 곳이 없습니다. 터 자체가 흔들리거나 붕괴되기 직전의 가정도 대단히 많습니다.

사탄이 우리의 가정들을 심히 무너뜨리고(딛 1:11) 있는 이때에 우리는 하나님께서 창조하신 본래의 가정을 회복해야 합니다. 이제 보수도 해야 하고 새로운 공사도 해야만 합니다. 우리의 자녀들이 "천국은 아마 우리 집 같은 곳일 거야."라고 말할 수 있는 그런 가정을 만들어야 합니다. 그때 우리의 가정도, 일터도, 교회도 살맛나는 터전이 될 것이며 비로소 우리의 가진 복음도 세상을 향해 힘 있게 증거 될 것입니다.

우리 가정 멋지게 세워 갑시다.

행복한 부부를 위한 지침

1. 배우자의 어린 시절을 이해하라(고전 13:11; 히 13:8; 약 5:16).

- 성경은 우리의 성숙을 가로막는 어린아이 때의 성향과 행동을 '버리라(Καταργήω:카타르게오)'고 말씀한다.
- 성경 속의 인물(야곱, 요셉, 다윗, 솔로몬, 디모데 등)들을 연구해 보면 어린 시절에 경험했던 사건들이 그들의 생애에 결정적인 영향을 주었던 것을 볼 수 있다.
- 배우자의 어린 시절 가정환경과 분위기, 인간관계, 교육, 경험 등을 진심으로 이해하도록 노력하라. 두 사람의 몸에 밴 어린 시절이 결혼 생활에 수없이 많은 영향을 끼치고 있다.

2. 남편들아! 지식을 따라 아내와 동거하고 사랑하라(엡 5:25,28; 골 3:19; 벧전 3:7; 요일 3:18).

- 여자는 언어적이다. 자기의 말을 들어주는 사람으로부터 사랑을 느낀다. 아내의 말을 잘 경청하라.
- 부부간 갈등의 대부분은 대화의 장벽에 있다.
- 대놓고 화내는 것이 대화라고 오해하고 있다.
- 대화는 서로의 생각과 느낌을 나누며 공감하는 것이다.
- 특히 여자는 말하는 재미로 산다는 것을 잊지 말라
- 폴 틸리히는 배우자의 첫째 임무는 잘 들어주는 것이라고 했다.

- 경청의 기술도 배워야 할 언어이다.

- 훌륭한 배우자는 눈으로 듣는다.

신문이나 텔레비전을 보면서 건성으로 듣지 말라.

사람은 자기 말을 들어주는 사람이 있으면 극적으로 변한다.

통계에 의하면 하루 부부 대화 시간은 42초, 자녀와 대화 시간은 37초 그러나 텔레비전 시청 시간은 평균 3시간 이상으로 조사되었다.

- 우리 부부의 하루 평균 대화 시간을 적어 보자(하루   분).

3. 아내들아! 남편은 가장(家長)이다. 남편의 권위에 순복하라(잠 12:8, 15:4,23, 19:15; 눅 6:31; 엡 5:24,33; 골 3:18; 벧전 3:1-6; 히 10:24).

- 남편은 가장(家長)이다. 남편에 대한 존경과 격려는 그분을 세우신 하나님을 인정하고 경외하는 것임을 잊지 말라.

- 남편을 존경하고 칭찬해 주어라.

- 칭찬과 격려는 기적을 만들어 내는 보약이다. 하나님께서 나의 남편에게 특별한 재능과 능력을 주셨다. 그것을 개발하고 살려 주어야 할 책임이 아내에게 있다. 물론 남편이 아내를 칭찬하고 격려하는 것도 필요하다.

- 언제부터인가 우리 부부는 상대의 약점과 결점만 보는 눈만 발달되어 왔음을 인정하라.

- 장점과 좋은 점만 보기로 결심하자. 간 큰 남자 시리즈, 고개 숙인 남자 등으로 남편들은 잔뜩 움츠려 있고 용기 잃고, 힘없고, 자녀의 눈에도 어머니로부터 구박과 잔소리만 듣는 아버지로 비쳐지고

있다.

- 적군뿐인 세상에서 유일한 아군인 아내들이여! 남편의 권위를 당
  당하게 세워 주자.
- 적용: 일주일에 3번 기적의 보약 지어 주기

4. 아내는 남편으로부터 부드러운 보살핌(Affection)을 받고 있다고 느낄 때 행복하다(사 46:4; 아 2:6).

- 아내를 향한 부드러운 언어와 경청
  "당신은 나에게 소중한 사람이야!"
  "당신이 자랑스럽고 언제나 아름답다."
- 하루 한 번 아내에게 감사의 말을 하라.
- 행동으로 사랑을 표현하기를 주저 말라(부드러운 키스, 부드러운 포옹,
  작은 선물 등).
- 아내는 연약한 그릇임을 알아 귀히 여기라(벧전 3:7).
- 될 수 있는 대로 자주 만지라(Skinship).

5. 배우자를 위한 훌륭한 성적 파트너가 되라. 중요한 부부 행복의 요소다(잠 5:15-21; 고전 7:3-4).

- "문제 있는 가정의 90% 이상이 성 문제(Sex trouble)이며 문제 없
  는 가정에서 성의 비중은 10% 밖에 되지 않는다(찰스 셀)."
- 하나님의 축복된 선물을 부끄럽게 생각하는 것이야말로 부끄러운
  일이다.

- 배우자의 요구를 거절해서는 안 된다(고전 7:3-5).
- 性에 대한 올바른 지식을 위해 성경적인 바탕 위에서 쓴 책들을 참고하자.

6. 잔소리하지 말자. 잔소리는 사람을 변화시키지 못하며 오히려 불행을 경험케 한다(잠 12:18, 18:20-21, 20:19; 마 12:36-37; 눅 6:45; 엡 4:29, 5:4, 4:32; 약 3:5-6).

- 잔소리를 하는 원인: 나는 옳고 너는 틀렸다는 잘못된 믿음에서 출발한다.
- 잔소리의 목적: 자신이 주관적으로 판단한 배우자의 결점을 고치려는 데 있다.
- 잔소리의 결과: 상대에 대한 불신. 관계가 깨지고 양쪽 모두 심한 상처를 입는다.

"아내의 바가지는 비오는 날 계속 떨어지는 빗방울 같다. 이런 여자를 다스리는 것은 바람을 다스리는 것과 같고 손으로 기름을 움켜잡는 것과 같다(솔로몬/ 잠 27:15-16)."

- 훌륭한 배우자는 사랑하는 배우자의 허물을 드러내지 않는다. 오히려 배우자의 단점을 덮어 준다. 그때 배우자는 감동하고 감격해서 스스로 고쳐지게 된다. 배우자의 결점이 보이거든 일단 기도하라. 그리고 내가 도울 것이 무엇인지를 생각하라.
- 차라리 나의 생각을 바꾸라. 훨씬 자유롭다.

7. 취침 전 3분간 손잡고 기도하자(고후 2:7-8; 벧전 3:7; 약 5:15-18).

- 부부의 일체감을 경험하는 최고의 대화법이다.
- 3분 내 짧게 하되 당일 있었던 실제적인 사건을 주제로 하라.
- 긍정적이고 창조적인 언어로 배우자를 위하여 기도하라.
- 시작은 어렵다. 그러나 그 보상은 크다.
- 매일 기도하는 것은 놀라운 축복이다. 자연스러운 대화가 된다.

"부부가 함께 기도하는 것은 결혼 생활 중에 생기기 쉬운 갈등을 완화시키며 서로를 완전하게 해 준다. 부부가 함께 기도하는 그 순간, 성령께서 역사하시도록 문을 열어 드린 것이나 다름없다(드와이트 스몰)."

"오직 부부가 하나님 앞에서 함께 기도할 때라야만 그들은 참된 화합의 비밀을 깨달을 수 있게 된다(폴 투르니에)."

8. 무절제한 스마트폰 사용은 행복의 장애물이다.

- 학생들의 평균 키와 몸무게는 계속 늘고 있지만 체격, 체질, 체력은 계속 나빠지고 있다. 그 이유는 스마트폰과 TV시청 등에 따른 운동부족 탓이다.

9. 가정은 인간 교육의 최초의 학교이며 교회임을 잊지 말라(잠 5:15-19; 딤전 3:2-12).

- 가정은 창조사역의 면류관이다. 가정 떠난 인간은 생각할 수 없다
- 목회란 성도들의 가정을 경건하고 건강한 가정으로 세우는 데 있다(故 이중표 목사).

- 해가 지고 나면 집을 그리워 하는 것이 인간의 본능이다.

- 가정은 작은 교회로 인간 교육의 최초의 장소이며, 인간 완성의 마지막 장소이다.

- 가정 문제가 균형을 이루고 순조롭게 진행되는 가정에는 가족들의 마음이 평안하고 여유가 있으며 위기가 닥쳐와도 그것을 극복할 수 있는 능력이 있다.

- 그러나 가족 간의 조화가 깨진 가정은 문제가 발생하면 가족 모두는 방황하게 되고 혼돈에 빠진다. 살아갈 의욕을 상실한다. 그만큼 가정은 중요하다.

- 잘못된 생각: 가족이 희생되더라도 우선 돈을 벌어야 후에 행복할 수 있다. 귀가가 늦는 것은 '다 가족을 위해서 열심히 뛰기 때문'이다. 능력 있는 목회자로 인정받으려면 '빵점 남편, 빵점 아빠'라는 소리를 들어야 한다.

- 남편들이여, 가족들은 가장이 힘 있게 들어오는 것을 볼 때, 힘과 용기와 안정감을 얻는다는 사실을 잊지 말라!

10. 남편들이여! 특별한 날은 특별하게 계획하라(결혼기념일, 생일 등).

- 아내는 평생 남편의 생일을 잊지 않고 산다. 그러나 대개의 남편들은 '남자는 대범하게 살아야 한다.'는 희한한 이유를 내세워 아내의 생일 기억하는 것을 쩨쩨하게 생각한다.

- 결혼기념일은 가능하면 1박 2일 정도 부부만의 시간을 보내도록 하자. 평생 잊을 수 없는 추억을 창조적으로 만들어 보라.

–사랑받기 원하는 사람의 방법대로 행하는 것이 사랑이다.

11. 부부 싸움은 또 하나의 의사소통이다(엡 4:25-27).

- 성경적인 원리에 의해 싸우자.

- 해가 지도록 분을 품지 말자.

- 링을 떠나서는 안 되며 싸움을 유발케 한 문제만 다투자.

- 인격에 관한 것, 집안, 족보까지 끌어들이지 말자.

- 함부로 말을 내뱉지 말자.

- 침묵하지 말자. 침묵은 더 큰 오해를 갖게 한다.

- 과거를 끌어들이지 말자(또, 항상, 언제나, 맨날, 전에도 등).

- 분방(分房)하지 말자.

12. 그리스도인의 기본적인 삶이 흔들리면 가정의 기초가 흔들리고 만다.

- 늘 주님과 동행하는 삶을 유지하라. 교회 안에서 제자로서의 삶
  을 충실히 지켜 나가며 성도들에게 본이 되는 삶을 살라.

- 주님과의 교제는 필수다. 말씀과 기도, 성도의 교제와 복음 증거
  에 착념하라. 영성이 오염되면 삶 자체가 망가지기 시작한다.

- 특히 남편들이여, 정신 차리자. '가장(家長)'이란 '가정의 제사장'
  의 약자라는 말도 있다.

- '가장'이 흔들리면 '가정'이 흔들린다.

결론

하룻밤 사이에 기적이 일어나리라고 기대하지 말라. 사람은 지성적인 존재이나 의지적인 존재이기도 하다. 특강이나 특별 세미나와 같은 지적인 강의만으로는 인격문제나 인생 문제가 쉽게 해결되지 않는다.

계속되는 지식과 적절한 훈련이 병행될 때 인간의 변화는 가능하다. 당신이 인내심을 갖고 팀에서 훈련받는 대로 스스로에게 적용해 가는 것이 무엇보다 중요하다. 당신과 배우자가 함께 놀랍게 변하게 될 것이다. 말씀과 기도 안에서 부부가 같이 성장, 성숙해 나갈 때 부부는 하나 됨을 경험하게 된다.

세미나 후 많은 부부가 원 위치 되는 이유는 꾸준한 훈련이 뒤따르지 않기 때문이다. 좋은 습관이 형성되려면 최소한 6개월의 훈련이 필요하다.

- 아는 것보다 실천하는 것이 중요하다. 실천되지 않는 믿음은 믿음이 아니다.
- 종은 울릴 때까지 종이 아니고, 노래는 부르기 전까지 노래가 아니며 사랑은 고백할 때까지 사랑이 아니며 믿음은 행할 때까지 믿음이 아니다(시인 하만스타인).
- 깨달은 것 중에 한 가지라도 실천해 보겠다는 의지적인 믿음이 중요하다(마 7:24-27).
- 특강, 부부 세미나에 다녀와서 꾸준히 실천하는 사람은 변화가 있고, 그렇지 않으면 '아, 그때가 좋았지' 하고 회상만 할 뿐이다.

- "그리스도인의 세계는 비타민 A(Application; 적용) 결핍증으로 고생하고 있다"라고 하워드 핸드릭스'도 통박했다. 지식은 믿음이 아니다.
- 믿음은 행함이다(요 4:34). 중요한 것은 실생활에 적용하는 일이다.
- "너희는 도를 행하는 자가 되고 듣기만 하여 자신을 속이는 자가 되지 말라(약 1:22)."고 하신 말씀을 기억하자.
- 실천하지 않으려거든 이 과정도 여기서 중지하는 게 낫다. 괜한 시간 낭비니까.
- 말씀과 기도로 뿌리가 깊게 내려져야 온전하게 변화된다.
- 인생의 궁극적인 문제는 결국 영적인 문제이다.

부부가 함께하는 마당

1. 당신의 배우자를 소개해 보십시오.

- 외모 :

- 성품 :

- 장점 :

- 매력 :

- 습관 :

- 취미 :

2. 오늘 특강 중 중요하다고 생각하는 세 가지를 적어 봅시다.

1)

2)

3)

3. 칭찬과 격려를 하기 위해서는 배우자의 좋은 점, 장점, 특기 등을 항상 알고 있어야 합니다(20가지 이상을 써 보자).

1)_____

2)_____

3)_____

4)_____

5)_____

6)_____

7)_____

8)_____

9)_____

10)_____

11)_____

12)_____

13)_____

14)_____

15)_____

16)_____

17)_____

18)_____

19)_____

20)_____

4. 그럼에도 나의 배우자가 꼭 고쳐 주었으면 하는 점 한 가지만 적어 봅시다.

_____

결혼 생활 평가 설문지

이 설문지는 우리의 결혼 생활의 건강도를 생각하기 위해서 만들어졌다. 남편과 아내가 설문지를 작성한 다음 서로 답을 대조해 보도록 하자.

작성 요령 :
1. 적합하다고 생각한 번호에 동그라미 표시를 하라.
2. 가능하면 여러분의 생각에 솔직하게 답하라.

응답번호 :

1	2	3	4	5
전혀 그렇지 않다	그렇지 않다	보통	그렇다	정말 그렇다

각 질문을 읽고 적합한 곳에 동그라미 표시를 하라.

1. 나는 결혼 생활에 대한 걱정 근심이 많다.　　　　　1 2 3 4 5
2. 나는 결혼 생활에 대해 배우자가 나에게 무엇을
   기대하는지 잘 모르겠다.　　　　　　　　　　　1 2 3 4 5
3. 만약 내가 다시 결혼한다면
   지금 배우자와 같은 사람하고는 결혼하지 않겠다.　1 2 3 4 5
4. 현재의 결혼 생활은 나를 너무 구속한다.　　　　　1 2 3 4 5
5. 나는 결혼 생활이 따분하게 느껴진다.　　　　　　1 2 3 4 5
6. 나의 결혼 생활은 건강에 나쁜 영향을 미치고 있다.　1 2 3 4 5
7. 나는 결혼 생활 속에서 벌어지는 일들 때문에
   화가 나고 짜증이 난다.　　　　　　　　　　　　1 2 3 4 5

8. 나는 결혼 생활을 잘 할 수 있는 능력이
   모자란다고 생각한다.   1 2 3 4 5
9. 지금의 결혼 생활이 영원히 지속되기를
   바라지 않는다.   1 2 3 4 5
10. 배우자는 나를 매우 화나게 만든다.   1 2 3 4 5
11. 나는 결혼 생활을 잘해 보려고 노력하는데 지쳤다. 1 2 3 4 5
12. 나는 배우자에게 관심을 별로 기울이지 않는다.   1 2 3 4 5
13. 나는 배우자와 사이가 좋지 못하다.   1 2 3 4 5
14. 나와 배우자는 의견이 일치하지 않는다.   1 2 3 4 5
15. 나는 배우자를 신뢰하기 어렵다.   1 2 3 4 5
16. 나는 성생활에 만족하지 않는다.   1 2 3 4 5
17. 나는 배우자와의 애정과 친밀감에 불만족스럽다. 1 2 3 4 5
18. 나의 결혼 생활은 결혼 전의 내 목표를 이루는 것을
    방해하고 있다.   1 2 3 4 5
19. 나는 역할 분담으로 배우자와 자주 싸운다.   1 2 3 4 5
20. 나는 확실히 결혼 생활에 불만족해 한다.   1 2 3 4 5

채점과 평가요령 :

1. 표시한 번호의 수를 모두 합하여라.
2. 아래의 표를 사용해서 여러분의 점수를 서로 비교하라.
3. 아래의 표를 따라 각 범주들에 대한 설명을 읽도록 하라.

채점표 (참고: 표본조사의 결과에 근거한 것입니다.)

점 수 범 위	범 주
81 ~ 100	
61 ~ 80	
41 ~ 60	
21 ~ 40	

제2강
하나님의 창조 – 가정

"가정, 하나님의 작품이에요!"

주제 성구
창 2:24-25; 막 10:7-9

제2강 워크숍을 위한 Orientation

1. 지난 주간에 있었던 삶을 나눕니다.

2. 필독서를 통한 은혜를 나눕니다(독후감 발표).

2강 -『사랑 그 이상의 결혼』(메이홀 부부/네비게이토)

3. 2과 주제 구절을 함께 확인 암송합니다.

창 2:24-25

막 10:7-9

4. 부부 행복 CHECK-LIST 결과 보고

그날그날 기록하는 것이 무엇보다 중요합니다.

침실이나 안방에 붙여 놓으면 잊지 않고 할 수 있습니다.

1부는 복사해서 팀 리더에게 제출하시기 바랍니다.

5. 팀을 위한 기도를 잊지 말아 주십시오.

6. 본 과정을 마칠 때까지 애칭으로 호칭해야 합니다.

7. 자기 짝과 주중에 의무적으로 통화합니다.

8. 일주일에 두 가정 이상과 통화합니다.

서로 돌아보아 사랑과 선행을 격려하기 위해서(히 10:24-25)입니다.

9. 다음 과를 위한 암송 과제

엡 4:29; 히 4:12

10. 필독서를 미리 읽으시고 독후감을 제출해 주십시오.

3강 – 『해가 되는 말 덕이 되는 말』(캐롤 메이홀/네비게이토)

독후감은 요약이 아닙니다. 깨달은 것을 간단히 적고 한 가지라도 적용하는 내용이 있어야 합니다.

11. 본 과정의 특징과 장점은 '적용을 통한 삶의 변화'입니다.

   하나님께서 창조하신 본래의 가정은 에덴동산에서 이루어졌다. 가정은 한 남자와 한 여자의 결혼으로 이루어지는 것이며 복음적인 가정은 성경적 결혼의 이해 없이는 만들어질 수 없다.

1. 성경적 가정의 이해(창 2:18-25)

- 가정은 하나님의 신성하신 작품이다.
- 하나님의 창조 사역의 절정이요, 면류관이다.
- 여자는 남자를 위해, 남자는 하나님의 목적을 위해 창조되었다.
- 인간은 결혼을 통하여 하나님의 창조 사역에 동참할 수 있다.
- 결혼은 그리스도와 교회의 신비로운 연합을 상징한다.
- 하나님은 아담이 '독처하는 것이 좋지 않게' 여기셨다.
- 아담에게 동물들의 이름을 지어주도록 하심은 배우자 의식을 깨우시기 위함이다.
- 인류 역사의 첫 결혼식 주례사/ '남자가 부모를 떠나 그 아내와 연합하여 둘이 한 몸을 이루라.'

1) 결혼이란 사람이 독처하는 것을 좋지 않게 보신 _____으로부터 시작되었다.

결혼은 배우자를 남은 생애동안 외로운 상태로 있게 하지 않겠다는 양자 간의 약속이요 동의이다.

2) 결혼이란 한 남자와 한 여자를 하나님께서 _____지워 주심으로 시작되었다.

행복한 결혼이란 하나님께서 나에게 가장 알맞은 사람을 '돕는 배필'로 주셨다는 믿음에서 출발한다.

하나님은 일방적으로 하와를 아담에게 인도하셨다. 그것은 결혼이

하나님의 권한과 책임, 하나님만의 영역이라는 것을 의미한다. 완전하신 하나님을 신뢰하는 아담은 하와를 거절하지 않고 수용한다.

하나님께서는 나에게도 가장 최선의 배우자를 주셨다. 따라서 내가 배우자에 대해서 불평하고 불만을 갖는 것은 그러한 짝을 인도해 주신 하나님께 대한 도전 행위임을 잊어서는 안 된다.

'돕는 배필(Suitable Helper)'은 '필요에 꼭 맞추어져 있는 사람'이라는 의미를 갖고 있다. 이것은 나의 삶 속에서 또 다른 사람이 필요하다는 사실을 일깨워 주는 메시지로서 어느 한 쪽으로는 완전치 못하기 때문에 서로 부족한 부분을 채워 주고 도와주는 상대로서 만드신 것이다. 남자와 여자는 상하종속의 관계가 아닌 '인격적인 만남이 전제된 돕는 자'로서 창조되었다. 부부는 인격으로 만나 서로 사랑하며 사는 것이다.

- 돕는 배필:

배우자의 부족함이 바로 내가 존재해야 하는 이유로 느낀다. 배우자를 위해 무엇을 할 것인가를 생각하고 행동한다. 배우자의 실수에도 실망하지 않는다. 배우자의 실수나 실패는 나에게도 책임이 있다. 함께 극복하며 오래 참고 인내한다.

- 바라는 배필:

배우자의 부족한 점이 나의 필요나 욕구를 채워 주지 못한다. 실수

자체를 용납하지 않는다. 배우자의 실수나 실패는 철저하게 배우자만의 잘못이 아니다. '돕는 배필'은 서로를 행복하고 풍요롭게 만들지만 '바라는 배필'은 자신을 불행하게 만들고 배우자와 가족까지 불행하게 만든다.

3) 결혼이란 남자가 부모의 슬하를 _____으로 이루어지는 사건이다.

'떠난다'라는 말은 '버린다', '끊는다', '포기한다'는 강한 뜻을 가지고 있다. 이 말은 혈연의 단절이나 부모에 대한 책임을 저버려야 된다는 말씀이 아니다. 부모 의존적인 삶에서 부부 중심의 삶으로 전환해야 한다는 뜻이다. '떠난다'는 것은 부모의 양육을 받던 자녀의 관계에서 완전한 성인으로의 관계 전환을 의미한다. 즉 부모와 자녀의 관계가 아닌 남편과 아내의 관계가 최우선이 되는 일대 혁신을 의미한다. 부부는 하나의 독립된 가정으로 존재할 때만이 행복할 수 있다는 뜻이다.

그러나 '떠남'의 원리가 유교적 전통을 가진 한국 가정에서 갈등의 요소로 등장한다. '떠남'은 누군가로부터의 해방을 의미한다. 육체적으로나 정신적으로, 경제적으로나 감정적으로도 독립하는 것을 말한다. 며느리와 정 들인다고 데리고 사는 시어머니, 오히려 더 관계를 멀어지게 만든다.

– 나는 과연 떠나 있는가?

나의 삶의 우선순위에 과연 배우자가 가장 우선에 있는가?

4) 결혼이란 한 남자와 한 여자가 _____하는 것이다.

행복한 결혼은 조건이나 마음에 맞는 상대를 선택함으로 되는 것이 아니다. 서로가 서로에게 마음에 맞는 상대가 되어가는 과정의 산물인 것이다. 부모는 자녀들 곁에 있어야 하나 자녀들 사이에 있어서는 안 된다(Beside them Not between them).

연합: 풀로 붙이다. 고착시키다. 계속 그대로 지속되다.

Special!

연합이란 오른손과 왼손이 합쳐지는 것과 같은 원리이다.
손가락은 각자의 장점이고 사이의 골짜기는 각자의 단점이라 할 수 있다.
1) 손가락(장점)과 손가락이 맞닿는 연합은 쉽게 떨어진다.
2) 오른쪽 손가락(장점)이 왼손 골짜기(약점)에 끼워지고 왼쪽 손가락이 오른손 골짜기에 끼워질 때 단단한 연합이 이루어진다.
   연합의 원리는 영속성의 원리로 '죽음이 우리를 갈라놓을 때까지', '끝까지'라는 뜻이다. 결혼이란 하나님에 의해 언약(맹약)으로 창조된 제도이다(말 2:14; 잠 2:16-17).

---

5) 결혼이란 한 남자와 한 여자가 _____을 이루는 것이다.

육체적인 결합만을 이야기하지 않는다. 육체와 정신, 영혼까지의 하나 됨을 의미한다. 많은 아내들이 '가까이하기엔 너무 먼 당신' 때문에 속앓이를 한다.

어느 아버지, "네가 언제와도 우리는 너를 환영할 것이다. 그러나 우리 집에 올 때는 꼭 남편과 함께 와야 한다."

■ 가치관에 있어서도 하나이어야 하고 주거지도 하나이어야 하며 정서, 비전도 하나이어야 한다. 부부의 삶, 그 모든 것에 있어서 하나가 되지 않고는 온전한 결혼 생활이라고 할 수 없다. 그 어떤 것에도 우리는 하나일 수 있어야 한다. 부부가 공유하는 부분이 많아야 서로 마음이 통할 수 있다.

■ 하나 됨: 가장 친밀한 연합, 즉 '性'을 의미하기도 한다. 부부간의 성적 교제는 부부에게만 주어진 하나님의 은총이다. 성적인 연합은 결코 육체적 사건만을 의미하지는 않는다. 바로 전존재적(全存在的) 사건이요, 정신적, 영적 합일이 있어야 하는 것이다. 부부가 완전히 한 몸이 되는 이 때, 두 사람은 자녀를 낳음으로 하나님의 창조 사역에 동참하는 기쁨을 누릴 수 있다.

■ 경제 문제에서의 하나 됨: 언제든지 갈라설 것을 전제로 한 결혼이라면 모르되 그렇지 않고서는 모든 것이 투명해야 되고 모든 것이 하나가 되어야 한다.

어느 세미나에서 있었던 일이다. 많은 부부들이 숙연하고 조용한 분위기에서 찬송을 부르고 있는데 갑자기 나이 많은 아내 한 분이 손을 번쩍 들고 흔들면서 찬송을 부르기 시작한다. 분위기와는 맞지 않는 돌발적 행위에 많은 성도들이 '주책이야, 왜 그래?' 하는 따가운 시선을 보냈다. 옆에 앉은 남편이 어떻게 했을까?

퇴근해서 들어온 남편이 방안에 여기저기 흩어진 아내의 옷가지들을 보게 되었다. 이 남편이 어떻게 했을까?

6) 결혼이란 부부가 _____ 없는 자유한 삶을 살게 하는 사건이다.

모든 사람에게는 허물이 있다. 그러나 사랑은 허다한 허물을 덮는다. 소인(小人)일수록 상대의 허물을 들추어내고 대인(大人)일수록 상대의 허물을 덮는다.

벌거벗었다는 말은 감춘 것이 없다는 의미이다(친밀성의 원리).

자존심, 명함, 체면, 간판, 지위를 벗고 알몸으로 살아야 한다(다 보여 주고 산다).

결혼 생활에 있어서 허물이나 결점이 결코 문제가 되어서는 안 된다. 허물이나 결점을 문제 삼는 것이야말로 가장 비겁한 행위이다. 하나님은 그것 때문에 결혼을 만드셨고 또 돕는 배필로서 함께 살도록 했는데 우리가 그것을 공격한다면 창조 질서를 무너뜨리는 행위가 된다.

■ 정서적(감정적) 친밀감: 상대방을 아주 깊이 이해하고 배우자를 중요하고 가치 있다고 생각하며 삶을 나눌 때 생긴다. 정서적 친밀감은 상대방을 비난하거나 말을 가로막지 말아야 하며 배우자의 느낌을 존중해 주어야 하고, 배우자를 소유하려 들지 않아야 더 깊어진다.

결혼의 커다란 목표 중의 하나는 부부로서의 삶에 대한 완전한 개방과, 영·혼·육의 총체적인 친밀함이다. 그러나 이것은 하루밤 사이에 이루어지는 것이 아니다. 부부가 꾸준히 노력해 가야 하는 긴 과정의 결실인 것이다.

이처럼 결혼은 처음부터 마지막까지 하나님의 설계였고 그 일에 전적으로 개입하시고 하나님의 뜻을 구현하고 계시는 실제이다. 그래서 '결혼은 두 배우자 외에 두 배우자 사이에 낄 수 있는 유일한 제3자, 예수 그리스도를 포함한다.'고 말한다(노만 라이트).

곧 부부관계를 의미 있게 하고 바른 길로 이끌어 주시는 예수 그리스도가 우리 결혼의 주인이 될 때 진정한 의미의 '그리스도인의 결혼'이 성립되게 되는 것이다. 이 원리를 잊지 말자.

2. 성경적 가정의 목표

가정은 하나님 창조사역의 마지막 결정체로서 모든 인간의 고향이요, 안식처이다. 우리는 가정의 가족 구성원들을 통하여 하나님의 사랑과 평안과 안식을 경험한다.

많은 가정이 가정의 목표를 정확하게 이해하지 못한 채 살아가고 있다. 어떤 가정은 자식 잘 키우는 것으로, 어떤 가정은 훌륭한 집을 장만하는 것으로, 또 어떤 가정은 가족끼리 평안히 먹고 마시고 즐기는 것(눅 12:16-21)이 가정의 목표인양 오해하고 있다.

혹시 우리 가정생활의 목표는 어떠한가? 우리 가정 역시 이러한 세속적인 목표를 향하여 달려가고 있는 것은 아닐까?

1) 가정은 경건 생활의 기초를 닦는 터전이다(벧전 3:7).

인간이 출생하여 최초로 경험하는 것이 따뜻한 어머니의 품이요, 가정이다. 어린 시절 가정에서부터 하나님을 경외하는 법을 배우지 못하면 평생 하나님과의 사이에서 방황할 수밖에 없다. '하나님의 사랑과 성령의 역사하심이 살아 있는 가정'이야말로 참 인간을 만드는 요람일 것이다.

2) 가정은 교회생활의 기초를 닦는 터전이어야 한다(딤전 3:2-5).

바울은 교회의 직분자를 선임하는 데 있어 '자기 집을 잘 다스리는 자'와 '자녀들로 단정하여 복종케 하는 자'라야 한다고 언급하고 있다. 가족들이 존경하고 복종하는 것이 물리적인 힘이나 두려움 때문이라면 문제가 심각하다.

본문의 말씀은 자발적인 존경과 복종을 의미하는 것이다. '가족과 즐거운 시간을 갖는' 성도는 육적인 그리스도인이고 성경보고 기도하는 성도는 '성령 충만한 성도'라고 하는 이중적인 잣대의 신앙수준을 한국 교회는 시급히 극복해야 한다.

3) 가정은 사회생활의 기초를 닦는 터전이어야 한다.

가정은 기본 단위의 사회이다. 이 작은 사회에서 가족 상호간의 커뮤니케이션을 통하여 신뢰, 협력, 분쟁, 조율, 타협 등 더 큰 사회 속에서 맺는 모든 인간관계의 경험들을 미리 맛보게 된다. 그러므로 가정생활을 성공적으로 한 사람들은 사회에서도 성공하기가 쉽고 가정에서 가족관계에 실패했던 사람들은 사회생활도 성공하기가 쉽지 않다. 가정생활의 실패는 사회생활에서의 실패로 귀결된다.

4) 가정은 하나님 나라 확장의 기초를 닦는 터전이어야 한다(마 6:33).

부부가 고함치며 큰 목소리로 다투고 두려움에 우는 자녀들의 모습이 있는 가정이라면 하나님의 영광은 가려지고 만다. 그러나 행복과 기쁨이 가득한 웃음소리가 이웃에 들리고 아름다운 그리스도인의 향기가 날 때 사람들은 쉽게 하나님을 찾게 된다. 하나님의 영역을 예배당 안으로만 제한하는 오류를 범하지 말라. 가정 안에도 지금 내가 서 있는 이곳도 하나님의 영역이 된다. 비로소 그때에 하나님의 나라가 견고히 세워지는 것이다.

부부 십계명

	남편	아내
1	결혼 전의 관심과 사랑을 잃지 말라.	자신과 가정을 아름답게 가꾸라.
2	결혼기념일과 아내의 생일을 잊지 말라.	남편의 식성에 민감하라.
3	아내의 옷차림과 외모에 민감하라.	의논하되 결정은 남편이 하게 하라.
4	음식에 대하여 감사를 표현하라.	모든 일에 인내심을 가지라.
5	모든 일은 아내와 의논하고 결정하라.	남편의 기분을 살핀 후에 따지라.
6	상처가 될 수 있는 농담이나 행동을 삼가라.	남편에게는 혼자만의 정신적 휴식을 갖고 싶어 하는 심리가 있음을 알라.
7	남편의 매력은 너그러움이다. 불화시 양보하라.	혼자만 말하지 말고 남편에게 기회를 주라.
8	가정 경제는 아내에게 일임하여 보람을 갖게 하라.	남편의 수입에 맞추어 규모 있는 살림을 하라.
9	아내의 개성과 취미를 존중해 주고 키워 주도록 하라.	남들 앞에서 남편의 결점을 노출하지 말라.
10	아내의 장점을 찾아 자주 칭찬하라.	일주일에 세 번 남편을 칭찬하라.

부부가 함께하는 마당

1. 내가 이 사람과 결혼한 이유를 적어 봅시다.

1)_____

2)_____

3)_____

4)_____

5)_____

2. 우리 부부는 돕는 배필입니까? 아니면 바라는 배필, 포기한 배필입니까?

1) 나는_____

2) 배우자는_____

3) 그 이유는/ 나_____

배우자_____

3. 성경적 가정의 이해 가운데 우리 부부에게 보완해야 할 원리가 있다면 느끼고 있는 대로 적어 봅시다.

1) 독처하는 것(고독)_____

2) 돕는 배필(협력자)_____

3) 부모를 떠나(독립)_____

4) 배우자와 연합하여(연합)_____

5) 둘이 한 몸을 이룰지로다(한 몸)_____

6) 벌거벗었으나 부끄러워 아니하니라(친밀성)_____

4. 부부가 함께 대화하고 기도하기

결혼의 원리를 중심으로 속마음 나누고 기도해 주기

"말, 통하며 살고 싶어요!"

주제 성구

엡 4:29; 히 4:12

제3강 워크숍을 위한 Orientation

1. 지난 주간에 있었던 삶을 나눕니다.

2. 필독서를 통한 은혜를 나눕니다(독후감 발표).

3강 – 『해가 되는 말 덕이 되는 말』(캐롤 메이홀/네비게이토)

독후감은 요약이 아닙니다. 깨달은 것을 간단히 적고 한 가지라도 적용하는 내용이 있어야 합니다.

3. 3과 주제 구절을 함께 확인 암송합니다.

엡 4:29

히 4:12

4. 부부 행복 CHECK-LIST 결과 보고

5. 팀을 위한 기도를 잊지 말아 주십시오.

6. 본 과정을 마칠 때까지 애칭으로 호칭해야 합니다.

7. 자기 짝과 주중에 의무적으로 통화합니다.

8. 일주일에 두 가정 이상과 통화합니다.

9. 다음 과를 위한 암송 과제

벧전 3:7; 골 3:18

10. 필독서를 미리 읽으시고 독후감을 제출해 주십시오.

4강 -『화성에서 온 남자 금성에서 온 여자』(존그레이/동녘라이프)

성경이 '계시된 진리'라면 책은 '발견된 진리'를 소개합니다. 이후에
도 계속해서 성경과 더불어 좋은 서적들을 한 달에 1-2권 정도는 읽고
서로 나누기로 합시다.

11. 본 과정의 특징과 장점은 '적용을 통한 삶의 변화'입니다.

다음 항목에 자신이 해당되는 부분에 V를 한 뒤 배우자로 하여금
점검해 보게 하라. 그리고 배우자가 작성한 것과 비교해 보라.

남편		아내
_____	말을 할 때는 깊이 생각하고 말한다.	_____
_____	사람들과 둘러앉아 이야기하길 좋아한다.	_____
_____	하나님과 별로 대화가 없다.	_____
_____	기분을 쉽게 표현한다.	_____
_____	자세히 이야기한다.	_____
_____	핵심적인 것만 이야기한다.	_____
_____	단언한다.	_____
_____	비판한다.	_____
_____	격려한다.	_____
_____	상대를 못살게 들볶는다.	_____
_____	거절당하게 될까 두려운 마음이 있다.	_____
_____	말을 잘 한다.	_____
_____	듣기를 잘한다.	_____
_____	결론이 날 때까지 논쟁한다.	_____
_____	미주알고주알 다 이야기한다.	_____
_____	옛 노래(과거의 잘못)를 잘 부른다.	_____
_____	거짓말 할 때도 있다.	_____
_____	주의 깊게 듣는다.	_____
_____	끼어든다.	_____
_____	칭찬한다.	_____
_____	빈정거린다.	_____
_____	잘 듣지 않는다.	_____
_____	상대의 말을 이해하려고 노력한다.	_____
_____	자신의 관점을 표현하길 좋아한다.	_____

_____	말하는 사람을 무시한다.	_____
_____	이야기를 독점한다.	_____
_____	사과한다.	_____
_____	자신이 옳다는 인정을 받아야 직성이 풀린다.	_____
_____	요청한다.	_____
_____	명령한다.	_____

많은 부부가 대화의 방법을 잘 모르고 병적인 대화를 하고 있는 경우가 많다. 대화는 아주 중요한 생활 방식이기 때문에 훈련하지 않으면 대화 패턴이 쉽게 변하지 않는다.

말은 우리의 인격의 성숙도를 재는 척도이다. 야고보는 "우리가 말에 실수가 없는 자면 곧 온전한 사람이라 능히 온 몸도 굴레 씌우리라(약 3:2)."고 했다. 말은 칼, 화살, 불, 독약과 같이 사람을 아프게 하고 고통을 주며 심지어 죽이기도 한다.

대화를 잘 하려면 대화의 방법과 기술을 배우고 연습해야 한다. 건강한 대화만이 건강한 관계를 형성하며 부부관계를 성장 발전시키고 풍성하게 만들 수 있다.

■ 성경에서 말하는 말의 근거 두 가지

1) 하나님께로부터 나온 말(잠 16:24/ 살리는 말, 복음의 말)

사랑하는 말, 용서하는 말, 기분 좋게 하는 말, 평안을 주는 말, 격려하는 말, 참된 말, 신중한 말, 덕을 세우는 말, 겸손한 말, 은혜로운 말, 달콤한 말, 절제된 말, 매력적인 말, 진실한 말, 불쌍히 여기는 말.

2) 사탄으로부터 나온 말(죽이는 말, 악한 말)

악한 말, 증오하는 말, 냉소적인 말, 모함하는 말, 경솔한 말, 모진 말, 복수하는 말, 힐난하는 말, 정죄하는 말, 판단하는 말, 간섭하는 말, 이간하는 말, 험담, 불평, 비난, 한탄, 욕하는 말.

1. 부부간의 대화

1) 대화

성공적인 결혼 생활과 불행한 결혼은 '대화'에서 비롯된다. 행복한 부부나 문제가 있는 부부 모두가 어려운 일에 부딪히지만 대화하는 능력에 따라 행복과 불행이 결정되기 때문이다. 말하는 것보다 더 쉬운 것은 없다. 그러나 성공적이고 건강한 대화만큼 어려운 일도 없다. 대화는 배우고 개발시킬 수 있는 일종의 기술이기 때문이다.

2) 대화의 장애물

- 기계적이고 바쁜 생활
- 소재의 빈곤
- 대중 매체(TV, 스마트폰)

– 피곤

– 충돌에 대한 두려움

3) 대화의 지침이 되는 세 가지 요소(긍정적인 대화의 능력-엡 4:29)

① 부정적인 대화를 피하라.

　불평, 원망, 명령, 비판, 강요, 빈정댐, 거친 농담과 거절, 언어 폭력은 사람의 가슴에 오래 남는다.

② 긍정적인 대화를 하도록 노력하라.

　인정과 칭찬, 긍정적인 말, 격려, 지지, 사랑의 고백 등 덕스러운 유순한 언어는 상대방으로 하여금 평안함과 행복감 그리고 생생한 활력을 갖게 한다. 인생을 변화시키는 하나님의 은혜의 원천이다.

③ 상황에 적절한 말을 하라. – 그 순간의 필요에 어울리는 말

4) 대화의 원칙

– 아는 체하지 말라.

– 아는 것도 처음 듣는 것처럼 들으라.

– 경청하라(듣는 것-Hearing, 경청-Listening).

– 대화를 위한 시간과 장소를 확보하라.

– 분노의 감정은 해지기 전에 대화로 정리하라.

– 자신의 느낌과 생각을 적극적으로 표현하라.

– 감정 지향적인 질문으로 대화를 시작하라.

– 상대 의견이 자신과 다르더라도 관심을 가지라.

- 먼저 사과하는 자가 존경받는다.

- 대화 시 신체적 애정 표현을 습관화하라.

- 상대방의 말을 중단시키거나 가로채지 말라.

- 말을 해야 할 때와 하지 말아야 할 때를 구별하라.

- 자기 방어를 위한 변명과 합리화하지 말라.

■ 소리 없는 말이 마음을 움직인다.

- 비언어적인 대화가 언어적 대화보다 훨씬 효과적이다.

5) 아름다운 대화의 두 가지 원리('토마스 고든'의 분류)

- 사람은 그 입의 대답으로 말미암아 기쁨을 얻나니 때에 맞는 말이 얼마나 아름다운고(잠 15:23).

(1) 나 전달법(I MESSAGE)

- '너'가 아닌 '너로 인한 나'에 초점을 맞추는 것을 의미.
  나 자신의 감정과 느낌을 솔직하게 표현하는 것을 말함.

- 나 전달법의 3요소

① 문제를 유발하는 상대방의 행동은 무엇인가?

② 그 행동은 당신에게 어떤 영향을 끼치고 있는가?

③ 당신은 그 결과에 대해 어떤 느낌을 가지고 있는가?

- 나 전달법이 좋은 이유 :

① 상대방의 행동이 당신에게 구체적인 영향을 끼치는 것을 믿기 때문이다.

② 상대방이 그 행동을 계속하려는 욕구가 그다지 강하지 않거나 또 다른 방법으로 충족할 방법을 스스로 찾게 만든다. 즉 자신의 행동이 당신에게 진짜 문제가 된다는 것을 알고 스스로 행동을 수정하게 된다.

– 나 전달법의 핵심

① 비난 없는 행동을 서술하고

② 당신에게 미치는 구체적인 영향과

③ 당신의 느낌을 전달하는 것

(2) 적극적(반영적) 경청

경청(listening)이란, 상대방이 전달하고자 하는 메시지 내용에 주의를 기울이고 이해하려고 노력하는 행동이다.

– 적극적 경청의 두 가지 과정

① 반영

반영하기(reflecting)는 상대방이 전달하고자 하는 내용에 대해 자신이 이해하고 있는 정도를 나타내 보이는 것이다.

② 공감

상대방이 전달한 내용에 대한 사실적인 이해의 수준을 넘어 그의 주관적인 정서 상태에 대한 이해 수준을 공감(empathy)이라 한다.

– 적극적 경청의 방법

① 자기 자신의 말을 최소한으로 줄인다.

② 전적으로 주의를 집중시킨다.

③ 듣고 있다는 것을 확신시킨다.

④ 공감을 하면서 듣는다.

⑤ 감정에 귀를 기울인다.

⑥ 적절한 질문을 던져 확인한다.

2. 대화의 네 단계

1) 4등급/ 입술의 말(상투적인 엘리베이터용 대화)

"날씨 좋습니다."

마음에는 없는 입술로만 하는 말이다. 엘리베이터 안내원이나 호텔, 큰 식당의 도어맨의 인사와 같은 종류의 말이다. 상대방의 느낌이나 기분과 상관없이 내 역할을 하는 말이므로 상대방에게 감동을 주지 못한다. 형식적인 말이며, 의무적인 언어이므로 공기만 진동시킨다.

2) 3등급/ 머리의 말(단순 뉴스성 대화)

"오늘은 비가 온답니다."

지식의 말, 정보를 전달하는 언어이다. 이런 말로는 사람이 변화될 수 없다. 지식이 있는 사람이 존경받거나 똑똑한 사람이라고 해서 사람들에게 영향을 주는 것은 아니다. 지도자는 똑똑한 사람이 아니고 다른 사람의 모자람을 잘 받아 주는 사람이다.

3) 2등급/ 가슴의 말(느낌의 말)

감정과 느낌을 표현하는 대화

"창 밖에 비가 내리는 모습을 바라보니까 왠지 마음이 우울해져요."

느낌의 언어이며, 이해하는 말, 공감하는 말이다. 느낌은 생각 이전의 것이다. 느낌은 옳은 것도 그른 것도 아니다. 느낌에는 윤리성이 없다. 사람들은 느낌과 감정을 표현할 때 대개 4가지의 감정을 표현한다. 즉 '기쁘다, 슬프다, 화난다, 무섭다'이다. 부부 간에 느낌을 표현하는 훈련을 많이 하고 그 느낌을 서로 공감하는 것이 필요하다.

예를 들어 항상 중간치도 못 가면서 그렇게 못하던 수학 시험에서 처음으로 90점을 받아 신나서 시험지를 가방에 넣지도 않고 손에 쥐고 휘날리면서 "엄마!" 하고 뛰어 들어오는 아들에게 센스 있고, 지혜로운 어머니는 손을 잡아 주고 안아 주면서 최고의 칭찬을 해 준다.

"엄마인 내가 이렇게 기쁜데 너는 얼마나 신이 나겠니!" 하고 그 아이의 마음을 진심으로 이해하고 공감하는 것이다. 그러나 지혜롭지 못한 어머니는 그 아이의 기분을 이해하거나 공감하지 못하여 이런 방식으로 말을 한다.

"시험이 쉽게 나왔지?"

"옆에 있는 친구는 몇 점 받았니?"

"컨닝한 것 아니야?"

아이의 마음을 공감하지 못한 말 한마디가 파랗게 싹이 나는 무한한 가능성의 어린아이를 무참히 짓밟아 버리는 꼴이 되고 만다.

"뒷주머니를 찬 대화" 스타일도 문제이다. 우리 부부들에게는 아주 익숙해진 대화법. 이 대화는 하고 있는 말과 하고 싶은 말이 다른 대화이다.

남편: "과장님네 된장찌개는 아주 맛있던데 우리 집 찌개는 맛이 왜 이래!"
아내: "그럼 그 집 가서 살아요! 왜 나하고 살아요!"

남편은 "당신 요즘 고민있어? 나와 아이들에게 관심을 갖지 않는 것 같아 쓸쓸하네."라고 하는 말대신 다른 말을 해 버린 것이고, 아내 역시 자신의 피곤함과 무력감을 남편에게 호소하고 싶었지만 마음과 다른 말을 해 버리고 만 것이다. 심리학자 존 포엘은 가슴의 말에서 부터 참다운 대화가 일어난다고 했다.

4) 1등급/ 영의 말(생명의 언어)

"오늘같이 비오는 날은 당신과 함께 훌쩍 여행을 떠나고 싶어요."라고 말하며 정겨운 표정과 신체 접촉이 동원된다.

미국 캘리포니아대학교 심리학과 명예교수이자 심리학자인 앨버트

메라비언(Albert Mehrabian, 1939~)이 발표한 이론에 따르면 상대방에 대한 인상이나 호감을 결정하는 데 있어서 목소리는 38%, 표정과 몸짓은 55%의 영향을 미치는 반면, 말하는 내용은 겨우 7%만 작용한다고 한다. 즉 효과적인 소통에 있어 말보다 비언어적 요소인 시각과 청각에 의해 더 큰 영향을 받는다는 것이다. 사람을 변화시키며 치유시키는 생명의 언어는 입의 말보다도 800배에서 1,000배의 영향을 끼치는 말이라고 한다. 아무리 좋은 설교나 강의라도 교인들과 청중들은 목사나 강사의 말을 듣고 난 후 24시간이 지나면 20%밖에 기억 못하고 일주일 지나면 제목 정도가 기억된다.

미국의 훌륭한 목사, 교사들을 조사해 본 결과 그들은 한결같이 영의 말을 하고 있었다. 영의 언어, 생명의 언어, 치유의 언어는 입술을 통해서도 말하지만 눈과 손과 몸으로 하는 몸의 언어(body language)를 통해서 더 많이 전달된다.

소파에 몸을 파묻고 말하는 자세나 경직된 자세로는 듣는 사람에게 크게 영향을 미치지 못한다. 진지한 자세로 가까이 다가가서 힘 있게 악수하면서, 상대방의 눈을 보면서, 미소를 지으면서 하는 대화는 사람을 변화시킨다.

이 생명의 언어인 '영의 언어, 몸의 언어'를 역사상 가장 많이 사용하신 분이 예수님이셨다. 간음하다 붙잡힌 여인에게 따뜻한 눈길과 몸의 언어로 그의 생명을 구원해 주셨다. 어린아이를 안으시고 손으로 몸으로 접촉(skinship)을 하시며 축복하시기를 제자들이 시기하기까지 하셨다. 그 외에도 수많은 각종 병자들을 만져 주시며 치유하셨다.

좋은 상담자는 몸의 언어로 상담하기 때문에 말을 많이 하지 않는다. 내담자의 말에 귀를 기울이고 공감하며 "아 그러세요, 얼마나 가슴이 아팠겠어요?" 정도의 말로도 충분히 내담자의 마음을 위로하고 상한 감정을 해결하게 한다. 높은 상담료를 지불하면서 3-4시간 이상 자기 말만 하고 나가는 상담 의뢰자는 진심으로 "선생님, 말씀 잘 듣고 갑니다. 감사합니다."하며 떠난다. 그것은 상담자가 마음과 눈으로, 몸으로 하는 수많은 말을 들었기 때문이다.

부부가 다정하게 나누는 피부 접촉은 다른 방식의 깊은 의사소통이다. 특히 아내에게 남편의 접촉은 인정하고 격려하며 칭찬하는 따뜻한 보살핌이며 생명의 언어를 사용하는 것이다.

3. 어떻게 하면 가정생활에서 영의 언어인 생명의 언어를 사용할 수 있는가?

1) 긍정적인 말을 하자(마 21:21-22).

우리나라 부부를 대상으로 한 조사에 의하면

남편이 가장 잘 쓰는 말: 아무 것도 아니야- 56%

아내가 가장 잘 쓰는 말: 내가 미쳐- 48%

부부 대화 속에서 부정적인 말을 몰아내야 한다. 익숙하게 듣고 사용해 온 '죽겠네', '미치겠네', '환장하겠네', '망할 놈' 등은 긍정적 표현으로 바꾸어야 한다. '흥해라. 흥해라.'해도 부족한데 '망해라. 망해라.'했다. 부모가 자식 코 닦아줄 때만 '흥 해라.'했다.

2) 감사의 말을 하자(엡 5:4).

감사는 믿음의 세계이다. 돕는 배필은 배우자의 모든 것을 감사할 수 있다. 사소한 일이라도 감사하다는 표현을 하며 살자. 자녀는 부모의 모습을 보고 감사를 배우게 될 것이다. 감사는 삶을 더욱 풍요롭게 한다.

예) 식사를 하고 일어나는 아내에게 "잘 먹었소. 감사해요!"하면 자녀들은 아버지의 모습을 따라 어머니에게 감사의 말을 하게 될 것이다.

3) 칭찬의 말을 하자(마 7:12).

칭찬보다 더 힘 있고 영양가가 있는 언어는 없다. 칭찬은 귀로 먹는 보약이라고 한다. 숨어 있는 재능을 발견하게 하고 때로는 인생의 진로를 바꾸어 놓기도 한다. 한마디의 칭찬 속에는 삶에 필요한 모든 영양소가 들어 있다. 진정 행복하기를 원하는가? 그러면 칭찬을 하라.

예) 당신이 최고예요, 당신만 믿어요, 오늘 당신 아름답군(멋있어요), 수고했어요, 고마워요, 너무 좋아요, 사랑해요 등

성경은 부정적인 말을 하는 자를 패려한 혀를 가진 자라 한다. 패려한 혀는 사람의 마음을 괴롭히고 상처를 준다. 사람의 의욕을 꺾어 버리기도 하고 그 영혼을 죽이기도 한다. 말은 파괴할 수 있는 힘도, 세워 주고 살리는 힘도 가지고 있다(욥 19:2; 잠 12:8; 벧전 3:10; 잠18:21).

"입술의 30초가 가슴의 30년이 될 수 있다."는 사실을 명심하라. 그만큼 말은 무섭고 위력이 있다.

말은 생명력과 운동력이 있다(히 4:12). 떨어진 씨앗이 땅에서 싹이 나고 다시 나무가 되어 열매를 맺는 힘이 있는 것같이 사람의 말도 열매를 맺는다. 입으로 시인하여 구원에 이른다는 것을 명심하자(롬10:9-10).

가족을 행복하고 아름답게 살도록 칭찬의 말을 아끼지 말고 풍성하게 하자.

부부가 함께하는 마당

1. 평소에 내가 자주 사용하는 말 세 가지를 적어 봅시다.

- 긍정적인 말

1)_____

2)_____

3)_____

- 부정적인 말

1)_____

2)_____

3)_____

2. 나의 배우자가 자주 사용하는 말 세 가지를 적어 봅시다.

- 긍정적인 말

1)_____

2)_____

3)_____

- 부정적인 말

1)_____

2)_____

3)_____

3. 오늘의 이 모임을 통해서 앞으로 '생명의 말' 을 사용하기 위해서 어떻게 적용하겠습니까?(실제적이면서도 구체적으로 쓰시기 바랍니다)

적용1)_____

적용2)_____

적용3)_____

\# 매일 생명의 말, 격려하는 말을 한 가지씩 배우자에게 하시기 바랍니다.

제**4**강
남녀의 차이와 부부 역할

"당신을 정말
알고 싶어요!"

주제 성구
벧전 3:7; 골 3:18

제4강 워크숍을 위한 Orientation

1. 지난 주간에 있었던 삶을 나눕니다.

2. 필독서를 통한 은혜를 나눕니다(독후감 발표).

4강 –『화성에서 온 남자 금성에서 온 여자』(존그레이/동녘라이프)

3. 4과 주제 구절을 함께 확인 암송합니다.

벧전 3:7

골 3:18

4. 부부 행복 CHECK-LIST 결과 보고

그날그날 기록하는 것이 무엇보다 중요합니다.

침실이나 안방에 붙여 놓으면 잊지 않고 할 수 있습니다.

1부는 복사해서 팀 리더에게 제출하시기 바랍니다.

5. 팀을 위한 기도를 잊지 말아 주십시오.

6. 본 과정을 마칠 때까지 애칭으로 호칭해야 합니다.

7. 자기 짝과 주중에 은혜로운 통화를 하셨습니까?

8. 일주일에 두 가정 이상과 통화했나요?

서로 돌아보아 사랑과 선행을 격려하기 위해서(히 10:24-25)입니다.

9. 다음 과를 위한 암송 과제

엡 4:32; 요일 4:20

10. 필독서를 미리 읽으시고 독후감을 제출해 주십시오.

5강 – 『우리 부부 어디서 잘못된 걸까?1』(이병준/영진닷컴)

『우리 부부 어디서 잘못된 걸까?2』(이병준/영진닷컴)

11. 본 과정의 특징과 장점은 '적용을 통한 삶의 변화'입니다.

후회 없는 결혼 생활, 행복하고 풍성한 결혼 생활이 과연 가능한 것이냐는 질문을 많은 부부로부터 받는다. 왜냐하면 세상의 도덕성은 점점 더 혼탁해져 가고 결혼의 순결성과 영원성은 헌신짝처럼 가치를 상실해 가고 있기 때문이다. 이러한 현대사회의 영향을 받아 그리스도인들까지 성경적 결혼 생활을 도외시하고 자신이 보기에 좋은 삶을 추구하며 살아가고 있다. 하나님이 계획하신 가정의 아름다운 축복을 경험하지 못하고 그저 그렇게 살아가고 있는 모습을 대할 때마다 참으로 안타깝다.

과연 행복하고 풍성한 결혼 생활은 가능한 것일까?

후회 없는 결혼 생활이란 인생의 마지막 정점에서 지나온 과거를 돌아보며 "나는 하나님께서 내게 허락하신 남편(아내)과 아버지(어머니)로 후회 없는 최선의 삶을 살았습니다."라고 말할 수 있는 그런 결혼 생활을 의미한다. 다시 말해서 신실한 그리스도인으로서 하나님의 말씀을 따라 최선을 다해 살아온 삶을 말하는 것이다.

우리들의 결혼 생활! 나아질 수 있다. 과거는 바꿀 수 없지만 미래는 얼마든지 바꿀 수 있기 때문이다. 이제 전에 것은 잊어버리고 후회 없는 결혼 생활을 위하여 앞으로 나아가자!

"하나님의 형상대로 창조된 인간은 외로운 개인으로 존재하지 않으며 '나와 너'로서 서로 대면하는 두 인격체로 존재하는 것이다(Karl Barth)."

"인간은 다른 사람과의 관계 속에서 하나의 인격이 된다(에밀 부르너)"

"남성과 여성은 삶에 온전함을 이룩하는데 있어서 육체적으로나 정서적으로 서로 보완하도록 설계되었다(Howell)"

남편과 아내로서, 자녀들의 부모로서 어떻게 살 것인가를 알고 싶다면 먼저 내가 어떤 존재인가를 알고, 하나님이 우리를 어떻게 다르게 지으셨는가를 아는 것이 중요하다. 특별히 남자와 여자의 차이점을 이해해야 한다.

『관계 중심 전도』의 저자인 오스카 톰슨은 세상에서 가장 중요한 단어는 '관계'라고 했다. 사랑과 행복이 중요하지만 그것 역시 '관계' 없이는 불가능하기 때문이다. 그리고 이 관계에 있어서 가장 우선되어야 할 중요한 관계는 바로 하나님과 인간과의 수직적 관계라고 했다(시 42:1-2; 엡 5:1,18). 그리고 수평적인 인간관계에서 가장 근원적이고 본질적인 관계는 역시 남편과 아내의 관계라고 성경은 가르친다(엡 5:22-33; 골 3:18,19).

'남자와 여자는 어떻게 다른가?' 하는 근본적인 질문에 대하여 대부분은 창세기에서 그 답을 찾을 수 있다.

1. 창조상의 차이점

"하나님이 자기형상 곧 하나님의 형상대로 사람을 창조하시되 남자와 여자로 창조하시고(창 1:27)."

"하나님이 보시기에 심히 좋았더라(창 1:31)."

1) 하나님께서 남자와 여자를 창조하셨고(창 1:27, 5:2)

2) 사람은 하나님의 형상대로 창조되었으며(창 1:27, 5:1)

3) 여자는 남자를 위한 돕는 배필로 지음 받았고(창 2:20-23)

4) 남자는 흙, 여자는 남자의 갈비뼈로 지음을 받았다(창 2:7,22).

5) 남자가 부모를 떠나 아내와 연합하여 한 몸을 이루는 것이 결혼
   이다(창 2:24).

하나님의 창조사역에 의하면 남자와 여자는 가치와 존엄성으로 평등하나 역할과 기능적인 측면에서는 서로 다르다.

2. 구속사적 관점에서의 남자와 여자

창조 때에 평등하게 창조되었으나 타락에 의해 남성과 여성의 관계가 불평등하게 되었다. 그러나 그리스도의 구속으로 말미암아 다시 회복되었다. 따라서 남자와 여자는 영적, 인격적, 도덕적, 존재론적으로도 전적으로 동등하다. 남자와 여자는 둘 다 믿음을 통해 은혜로 말미암아 동등하게 의롭다함을 받았다(갈 3:28).

1) 남자와 여자는 가치와 신분에서 동등하다.

2) 남자와 여자는 기능과 역할에서 서로 다르나 상호 보완적이다.

남자와 여자는 상호 보완적으로 다른 역할과 기능을 통하여 서로 사랑하고 서로 복종하도록 그리고 그리스도 안에서 새로운 동반자 관계를 하도록 부르심을 받았다(엡 5:21).

3. 실제상의 차이점

남성과 여성은 근본적으로 염색체와 호르몬과 조직 구성에서 다르다. 따라서 남자와 여자는 유전적 요인에 따라 그 특성이 결정된다. 남성과 여성은 서로 다를 뿐이지 어느 쪽이 열등하거나 우월한 것이 아니다.

1) 지적 능력의 차이

남성은 대체적으로 왼쪽 뇌가 발달 – 지성적, 능동적, 분석적, 계기적, 통합적, 행동적인 세계, 언어, 추리에 우월.

여성은 대체적으로 오른쪽 뇌가 발달– 직관적 능력, 감성적, 수동적.

2) 성기 구조의 차이

남성의 신체는 여성이 수태하도록 만들어져 있고 여성의 신체는 인간 최초의 보금자리인 자궁이 마련되어 있다. 남성은 정자의 기능처럼 공격적이고 경쟁적이며 침투적이다. 성 세포는 형태학적으로나 기능적인 면에서 양극성과 보완성을 지니고 있다(남, 여 성기의 구조). 이 양극성과 보완성은 남녀의 심리에도 그대로 반영될 뿐 아니라 성에 있어서도 차이를 보인다. 남성은 외면적이고 여성은 내면적이다.

3) 일반적 차이(생물학적, 심리학적, 사회학적)

남성은 용기, 강인함, 경쟁심, 힘, 통제력, 지배성, 공격성 등 남성다움에 가치를 부여한다.

여성은 온유함, 표현성, 반응성, 민감성, 순응성 등에 가치를 부여

한다.

남성은 자율, 활동, 창의력, 추진력, 야심, 용기, 주장, 지도력과 같은 도구적 차원(Instrumental)이 발달되었다.

여성은 양육, 부드러움, 따뜻함, 돌아봄, 공감, 말과 제스처와 같은 표현적 차원(Expressive)이 발달되었다.

남성은 과업 지향적(도구적 행동)이다.

여성은 사람 지향적(표현적 행동)이다.

여성은 월경주기, 임신, 수유(授乳)와 같은 남성이 갖고 있지 않은 중요한 기능을 갖고 있으며 여성의 호르몬은 남성보다 많다. 이러한 호르몬의 영향으로 여성들의 행동과 감정은 남성과 큰 차이를 갖게 된다.

여성의 갑상선은 남성보다 크며 활동적이라 남성들보다 추위에 강하며 피부가 매끄럽고 몸에 털이 적고 피하지방이 많다.

여성이 남성보다 혈액의 수분이 더 많고 반면에 적혈구 수는 20% 정도 더 적다. 적혈구는 몸의 각 세포에 산소를 공급해 주는 역할을 하기 때문에 여자들은 더 빨리 지친다.

4) 남편과 아내의 서로 다른 욕구 5가지

남편의 욕구 5가지	아내의 욕구 5가지
1. 성적인 만족을 주는 아내 2. 여가 상대가 되어 주는 아내 3. 깨끗하고 매력있는 아내 4. 내조, 집안 살림을 잘하는 아내 5. 칭찬해 주는 아내	1. 애정을 표현하는 남편 2. 말 상대해 주는 남편 3. 투명하게 마음을 나누는 남편 4. 경제적 필요를 공급하는 남편 5. 자녀에게 관심 가져 주는 남편

4. 차이를 극복하기 위한 부부 역할

1) '돕는 배필'로서의 하나 됨

나는 배우자를 위한 돕는 배필로 존재한다는 믿음이 우선되어야 한다. 부부는 서로에게 필요하여 한몸된 사이이다. 바라는 배필에서 돕는 배필로의 전환이 가정의 행복을 갖게 하는 지름길이다. 배우자의 부족한 부분이 보이면 내가 그 점 때문에 존재한다는 생각을 가져야 한다.

"나와 다른 것은 다른 것이지 틀린 것은 아니다." 서로의 차이는 다를 뿐이지 틀린 것이 아니다. 서로의 차이를 이해하고, 그 차이를 '완벽한 하나'를 이루는 부분으로 인식해야 한다.

2) 부부 역할에 앞서 이해해야 할 사항

① 가정의 질서를 하나님께서 정하셨다(고전 11:3).

"그러나 나는 너희가 알기를 원하노니 각 남자의 머리는 그리스도요 여자의 머리는 남자요 그리스도의 머리는 하나님이시라."

② 가정에서는 남편과 아내 모두가 서로에게 소중하며 평등하다.

"그러나 주안에는 남자 없이 여자만 있지 않고 여자 없이 남자만 있지 아니하니라(고전 11:11)."

③ 하나님께서는 남편과 아내를 동등하게 창조하셨다. 단지 기능이나 역할에 있어서 다를 뿐이다(고전 11:12, 갈 3:28).

고전 11:12 – "여자가 남자에게서 난 것같이 남자도 여자로 말미암아 났으나 모든 것이 하나님에게서 났느니라"

갈 3:28 -"너희는 유대인이나 헬라인이나 종이나 자주자나 남자나 여자 없이 다 그리스도 예수 안에서 하나이니라"

3) 남편의 역할

① 첫 번째 역할: 머리됨(Leading ⇒ Leadership): 엡 5:23-30

엡 5:23 -"이는 남편이 아내의 머리됨이 그리스도께서 교회의 머리됨과 같음이니 그가 친히 몸의 구주시니라."

■ '머리됨'의 자리는 하나님이 정하신 신성하면서도 막중한 책임이 있는 자리이다. 아내로 하여금 기쁨으로 순복 할 수 있도록 할 때 아내는 남편의 리더십을 인정하며 안정을 느낀다.

■ 진정한 '머리됨'은 섬기는 것(Serving)이다.

리더십은 종의 자세로부터 시작된다.

남편의 리더십은 아내를 섬기는 것이다.

예수님은 섬기는 데 있어 우리의 모본이시다.

⇒ "다 내게로 오라."

■ 남편의 리더십은 자기 집을 잘 다스리는 것이다.

자녀들로 하여금 부모에게 순종함이 있게 하여야 한다(딤전 3:4).

② 두 번째 역할: 사랑하는 것(Loving): 엡 5:25-27

"남편들아 아내 사랑하기를 그리스도께서 교회를 사랑하시고 위하여 자신을 주심 같이하라 이는 곧 물로 씻어 말씀으로 깨끗하게 하사 거룩하게 하시고 자기 앞에 영광스러운 교회로 세우사 티나 주름잡힌 것이나 이런 것들이 없이 거룩하고 흠이없게 하려 하심이니라."

- 사랑이란 '수용'과 '용납'이 선행되어야 한다.
- 사랑이란 희생하는 것이다.

③ 세 번째 역할: 돌보는 것(Caring): 엡 5:28-30

"이와 같이 남편들도 자기 아내 사랑하기를 제 몸같이 할지니 자기 아내를 사랑하는 자는 자기를 사랑하는 것이라."

- '돌봄'을 위해서는 아내의 필요(Needs)를 알아야 한다.

벧전 3:7 - "남편된 자들아 이와 같이 지식을 따라 너희 아내와 동거하고 저는 더 연약한 그릇이요 또 생명의 은혜를 유업으로 함께 받을 자로 알아 귀히 여기라."

"여자가 40세 이전에 아름다움을 유지하고 있다면 자신의 아름다움을 위해 지혜롭게 가꾸어 온 여자요, 40세 후에도 역시 아름답다면 그녀의 남편이 어떤 사람인지 당신은 꼭 살펴보라."

- '돌봄'을 위해서는 아내를 삶의 우선순위 1번에 두어야 한다. 이 사실은 아내가 가슴으로부터 인정할 때 가능하다.
- 과연 우선순위 1번이 아내라고 생각하는가?(그렇다, 아니다.)

  아내는 어떻게 생각할까?(1번이라고 생각할 것이다. 아니다.)
- '최고의 돌봄'은 나의 삶을 아내와 함께 나눌 때 이루어진다.
- 나는 아내에게 숨기고 있는 것이 전혀 없는가? 모든 것을 아내와 의논하고 심지어 내 마음속의 모든 부분까지도 아내와 함께 나누

고 있는가?

■ 남편의 역할을 잘 감당하면

- 가정의 질서가 바로 선다.

- 가족 구성원들이 하나됨의 기쁨을 누린다.

- 제사장으로서 역할이 이루어지기 때문에 하나님과의 관계도 바로 선다.

- 세상의 어떤 유혹이나 고난도 이기게 된다.

4) 아내의 역할

① 첫 번째 역할: 남편의 '머리됨'에 순종하는 것(엡 5:22-24)이다.

- 남편에 대한 순종은 곧 그리스도에 대한 순종이다.

② 두 번째 역할: 남편을 존경(Respect)하는 것(엡 5:33)이다.

- 존경이란 자발적으로 그리고 진정으로 추켜세우는 것을 의미한다.

- 항상 격려하고 남편을 위해 기도하는 것이 최대의 존경이다.

③ 세 번째 역할: 남편을 사랑(Love)하는 것(딛 2:4)이다.

- 사랑하기 위해서는 조건 없이 용납하는 자세가 필요하다.

- 사랑은 희생이 뒤따른다. 사랑은 들어주는 것이며, 만족스러운 성생활을 위해 최선을 다하는 것이다.

④ 네 번째 역할 : 집안일에 최선을 다하는 것(잠 31:27; 딛 2:5)이다.

- 하나님께서는 아내들이 집안일을 돌보는 것을 특권으로 여기는 것을 원하신다(아내에게 있어서 가정은 하나님의 나라와 의를 구하는 제일가는

사역지이다).

– 하나님께서는 엄마에 의한 자녀 양육과 교육을 중요시하신다(살전 2:7; 잠 1:8).

– 그러나 아내도 가정의 수입 보충을 위해 직장을 가질 수도 있다(잠 31:16,24).

■ 이 경우 반드시 남편의 동의가 있어야 한다.

■ 일하는 동기가 순수해야 한다(가정의 '부족'을 채우기 위해서인가? 아니면 내가 '원해서'인가?, 또 자신의 육체적, 정서적, 사회적 욕구를 하나님과의 관계, 가정 내에서의 관계보다는 외부에서 찾으려고 하지는 않는가?).

■ 아내의 역할을 잘 감당하면

– 귀히 여김을 받으며(벧전 3:7), 사랑을 받는다(엡 5:28-29).

– 자식과 남편으로부터 감사와 칭찬을 받는다(잠 31:28-29).

– 현숙한 여인으로 인정받는다(잠 31:10).

– 마음의 안정과 평화를 누린다(잠 31:25).

부부가 함께하는 마당

1. 우리 부부가 겪은(겪고 있는) 갈등 가운데 남녀의 차이를 이해하지 못해서 겪은 갈등이 있을 것입니다. 어느 점을 이해하지 못했습니까?

1)＿＿＿＿＿＿＿＿＿＿＿＿＿＿＿＿＿＿＿＿＿＿＿＿＿＿

2)＿＿＿＿＿＿＿＿＿＿＿＿＿＿＿＿＿＿＿＿＿＿＿＿＿＿

3)＿＿＿＿＿＿＿＿＿＿＿＿＿＿＿＿＿＿＿＿＿＿＿＿＿＿

2. 배우자를 이해하지 못해서 일어났던 갈등에 대하여 앞으로 어떻게 하시겠습니까? 구체적으로 실천할 사항을 적어 봅시다.

1)＿＿＿＿＿＿＿＿＿＿＿＿＿＿＿＿＿＿＿＿＿＿＿＿＿＿

2)＿＿＿＿＿＿＿＿＿＿＿＿＿＿＿＿＿＿＿＿＿＿＿＿＿＿

3)＿＿＿＿＿＿＿＿＿＿＿＿＿＿＿＿＿＿＿＿＿＿＿＿＿＿

3. 남편의 3대 역할 중 부족한 부분은 무엇이며 어떤 점에서 특히 그러합니까? 아내는 아내가 보는 관점에서 써 보시기 바랍니다.

1) 머리됨(리더십) _____

2) 사랑_____

3) 돌봄_____

4. 아내의 4대 역할 중에서 부족한 부분은 무엇이며 어떤 점에서 특히 그러합니까? 남편은 남편의 입장에서 정리해 보시기 바랍니다.

1) 순종_____

2) 존경_____

3) 사랑_____

4) 집안일에 최선을 다하는 것_____

5. 남편과 아내의 역할 중에서 앞으로 삶 속에서 적용할 수 있도록 계획을 세워 보시고 결심하시기 바랍니다.

1)_____

2)_____

3)_____

제5강
부부 갈등과 위기 극복

"갈등하고
싶지 않아요!"

주제 성구
엡 4:32; 요일 4:20

^{제5강} 워크숍을 위한 Orientation

1. 지난 주간에 있었던 삶을 나눕니다.

2. 필독서를 통한 은혜를 나눕니다(독후감 발표).

5강 - 『남편 사용 설명서』(이병준/영진닷컴)

『아내 사용 설명서』(이병준/영진닷컴)

3. 5과 주제 구절을 함께 확인 암송합니다.

엡 4:32

요일 4:20

4. 부부 행복 CHECK-LIST 결과 보고

그날그날 기록하는 것이 무엇보다 중요합니다.

침실이나 안방에 붙여 놓으면 잊지 않고 할 수 있습니다.

5. 팀을 위한 기도를 잊지 말아 주십시오.

6. 본 과정을 마칠 때까지 애칭으로 호칭해야 합니다.

7. 자기 짝과 주중에 은혜로운 통화를 하셨습니까?

8. 일주일에 두 가정 이상과 통화했나요?

서로 돌아보아 사랑과 선행을 격려하기 위해서(히 10:24-25)입니다.

9. 다음 과를 위한 암송 과제

잠 23:7; 빌 4:13

10. 필독서를 미리 읽으시고 독후감을 제출해 주십시오.

6강 –『자아 발견과 영적 성숙』(강준민/두란노)

11. 본 과정의 특징과 장점은 '적용을 통한 삶의 변화'입니다.

1. 결혼 생활의 갈등

1) 갈등이란

인간의 '갈등'은 인간관계의 발전 과정에서 나타나는 정상적이고 자연스런 현상이다. 특히 결혼 생활에서 각기 독특한 개성을 지닌 두 사람이 친밀한 연합을 이루기 위해 하나 되는 과정에 필요한 현상이다.

부부에게 있어서 갈등은 '둘이 한 몸이 되는' 과정의 일부이며 갈등을 해결하는 기술은 건강한 결혼 생활을 유지시키는 열쇠이다.

부부 갈등을 겪지 않는 비법은 결혼하지 않는 것이다. 이 말은 갈등 없는 부부는 없다는 말이다. 그러므로 갈등을 두려워하지 말라. 성숙한 부부, 성숙한 결혼 생활은 갈등유무에 있지 않고 해결 능력과 방법의 차이에 있다.

갈등의 요인은 자라온 환경과 성격의 차이, 자녀관, 경제관, 종교관, 성생활의 부조화, 가족관계 등을 꼽을 수 있다.

2) 부부 갈등 테스트

먼저 부부의 갈등 시 우리 부부가 취하는 태도에 대해서 알아보자.

	남편	아내
- 침묵 작전	_____	_____
- 집을 나간다.	_____	_____
- 소리지른다.	_____	_____
- 욕을 한다.	_____	_____
- 자기를 비하한다.	_____	_____

- 포기한다.   _____   _____
- 복수를 계획한다.   _____   _____
- 폭력을 행사한다.   _____   _____
- 물건을 던진다.   _____   _____
- 외도한다.   _____   _____
- 술을 마신다.   _____   _____
- 동물이나 물건을 걷어찬다.   _____   _____
- 성 관계 거부   _____   _____
- 비아냥거린다.   _____   _____
- 잠자거나 누워 있는다.   _____   _____
- 시댁(처가)을 공격한다.   _____   _____
- 아이들에게 화풀이 한다.   _____   _____
- 몰래 울거나 흐느낀다.   _____   _____
- 기타   _____   _____

갈등은 연합의 시작이다. 극복 불가능해 보이는 바로 그 장벽들이 오히려 결혼 생활을 결속시킬 수 있는 훌륭한 재산임을 알아야 한다.

하워드 헨드릭스 박사는 다음과 같은 잘못된 사회 통념은 깨어져야 한다고 주장했다.

- ■ 잘못된 사회 통념 1: 갈등 없는 생활이 훌륭한 결혼 생활이다.
- – 사랑은 갈등이 전혀 없음을 의미하는 것은 아니다. 즉 갈등이 곧 사랑의 부재(不在)는 아니다.
- ■ 잘못된 사회 통념 2: 갈등은 훌륭한 결혼 생활에 파괴적인 요소.
- – '결혼 생활의 행복은 갈등을 극복함으로 획득하는 것', 친밀함이 깊을수록 갈등의 잠재성도 커진다는 사실을 명심하자(고슴도치의 원리).

고슴도치 부부는 서로 만나 사랑하기 전까지는 아무 문제가 없었고 아픔도 갈등도 없었다. 그러나 사랑하는 짝에게 가까이 갈수록 가시에 찔리는 아픔을 경험한다. 진정한 사랑은 가까이 갈수록 아픔을 경험하는 것인지 모른다. 이 아픔을 회피해서는 안된다. 부부 싸움이야말로 강력한 의사소통 방법이요, 갈등을 해결하는 방법이기 때문이다.

■ 잘못된 사회 통념 3: 훌륭한 결혼이란 많지 않다.

– 훌륭한 결혼은 둘이 만들어 가는 것이다.

3) 부부 사이의 갈등

"이상적인 결혼이란 두 사람 사이에 드러난 갈등을 서로가 만족스럽게 해결하여 두 사람을 보다 더 가깝게 해주고 튼튼하게 해 주는 결합이다(Ann Ellenson)."

"비 온 뒤에 땅이 더 굳어진다."는 속담처럼 갈등은 해결방법에 따라 얼마든지 긍정적일 수 있다.

첫째, 갈등은 불가피하다. 남편과 아내가 각각 다른 문화, 교육, 가치관, 철학, 가족, 방법론, 생활관습, 가정환경에서 자랐기 때문에 갈등은 필연적이다. '둘이 한 몸이 되는' 과정의 일부로 갈등은 있을 수밖에 없는 요소임을 알아야 한다.

둘째, 갈등의 결과는 파괴적일 수도 건설적일 수도 있다. 갈등 자체보다도 갈등을 다루는 방법이 중요하다. 이 갈등을 해결하는 기술이 건전한 결혼 생활을 유지하는 열쇠이다. 이것은 또한 부부관계 성숙의 척도이기도 하다.

셋째, 갈등 없는 친밀한 부부관계는 없다. "서로가 논쟁에 참여할 줄 모르고 공명정대한 유익한 싸움을 할 줄 모르는 사람은 피상적인 결혼 생활에 머무를 수밖에 없다(에릭 에릭슨)."

"부부가 어느 정도 불화할 줄 알고 갈등을 해소할 수 있을 때 자녀들은 심리적으로 건강하고 자존심이 높은 자녀들을 길러 낼 수 있다(스탠리 쿠퍼 스미스)."

넷째. 모든 발전과 진보는 갈등을 통해서 이루어진다. 갈등상황에서 구성원 사이에 건강한 의견의 개진 없이는 성장이나 발전은 기대할 수 없다.

2. 갈등의 요인

1) 성장 배경의 차이

유아기의 육아 방식은 성격 형성에 대단히 큰 영향을 미친다. 유아기에서부터 청년기까지 형성된 개인의 생활양식, 습관과 사회 경제적인 배경으로 인해 형성된 다른 행동양식, 가치관, 태도 등이 갈등을 일으킨다.

2) 성격 차이

부부 갈등의 원인 중 가장 큰 비중을 차지하는 사유가 '성격 차이'이다. 연애시절에는 상대의 모든 것을 긍정적 관점으로 보지만 결혼 후

가족구성원이 되고 나서 서로를 부정적 관점으로 평가하게 되는 경우가 많아지면서 갈등도 심해지고 소통의 어려움을 겪게 된다.

대부분 소통이 안되는 것을 '성격 차이'로 단정지을 때가 많으며 성격 차이로 문제를 겪는 부부들의 특징은 서로 상대방이 변해야 한다고 생각한다.

3) 생활태도의 부조화

부부의 역할이 다르다는 것은 사실이나 대개 남성들은 밖에서의 능률적인 노동을 중시하고 가정에서의 임무는 수행하려 하지 않는다. 반대로 아내들은 남편으로부터 교양이나 종교문제, 인생문제를 위시해서 육아문제, 가족관계에서의 갈등문제까지 논의 상대가 되어 주기를 바란다. 남편의 비협조성이 불만이 되면 내적 반항으로 축적되어 욕구불만이 커지게 된다.

4) 성생활의 불만

인간에게는 성에 대한 욕구가 있다.

성생활은 생활 전체를 강하게 지배하는 지배적인 욕구 행동이다. 성적 불만은 상호간의 관계를 불안정하게 하며 사소한 일에도 이상 반응을 일으키게 하는 원인이 된다. 성에 대한 정보, 기술, 태도 등을 올바르게 익혀서 어떤 이유에서든지 성생활을 정죄, 기피하지 않도록 한다. 성적 부조화가 외도로 이어져 갈등의 원인이 되기도 하고 이혼의 사유가 되기도 한다.

5) 대화 부족, 자녀관, 경제관, 종교관

깊은 대화를 나누지 못하는 부부가 많다. 가정이 잠시 합숙하는 합숙소 수준에 머물기 때문이다. 대화는 대놓고 화내는 것이 아니다. 부부의 마음속과 감정을 주고 받는 진정한 대화가 없을 때 냉전은 싸움보다 무섭다. 특히 아내는 남편이 자신에게 무관심하다고 생각한다.

배우자의 외도는 가장 심한 갈등의 요인이 되고 이혼의 이유가 되기도 한다.

6) 가족관계 등

(예) 시부모(고부 갈등), 친정 식구, 시댁 식구 등

고부 갈등

장서 갈등

시댁과 친정의 문제

3. 갈등에 대한 반응 유형

1) 수집가형

분노나 원망을 계속 쌓아 두면서 참아 낸다. 그리고는 "나는 이제껏 참아 왔어!", "이제는 마지막이야!"라고 말하면서 수집한 분노를 폭발시킨다.

2) 과거집착형

문제가 생기면 과거의 사건들을 끄집어내어 지금의 책임을 상대에게 전가시키려고 무지 노력한다.

3) 개그형

갈등을 심각하게 받아들이지 않고 웃고 농담하면서 "당신이 화낼 때는 너무 귀엽다!"고 말하며 갈등을 피한다.

4) 순교자형

상대가 갈등의 책임을 느끼고 스스로 행동을 바꾸기를 바라며 "그래, 나는 괜찮아, 마음대로 하세요!" 하고 다음날 탄식한다.

5) 정신과 의사형

상대방의 의도를 찾아내려 하고 상대의 말이나 행동에 대한 원인을 분석하여 "당신의 행동이 실제로 말하고 있는 것은…." 식으로 말한다.

6) 배반자형

배우자가 타인으로부터 공격을 받아도 방어해 주지 않고 오히려 부추기거나 더 흥을 본다.

7) 시치미형

상대가 원하는 것을 알면서도 모른 척 하거나 못들은 척 한다.

8) 도망자형

갈등이 일어나면 잠을 자 버리거나 다른 장소로 도망간다. 직면하지 않고 회피한다.

9) 복수형

상대를 괴롭히는 행동을 하면서 자신의 분노를 표현한다. TV를 크게 틀거나 침대 위에서 과자를 먹거나 하여 상대의 화를 돋운다.

10) 비겁자형

상대로 인하여 받은 분노의 감정을 자녀들에게 쏟아 붓는다.

11) 책임전가형

그것은 "내 탓이 아니라 누구(환경) 때문"이라고 주장한다.

12) 청문회형

무조건 "나는 모른다."고 하거나 나와는 상관없는 일이라고 시치미 떼거나 억지를 부린다.

3. 갈등의 해결 원리

1) 성의 특성과 차이를 인정하라.

2) 배우자를 이해하고 용서하는 것에 인색하지 말라.

3) 갈등 그 자체보다 해결하지 않는 자세가 문제이다.

4) 분노(성내는 것)는 빨리 처리하라(엡 4:26).

5) 갈등 해결의 주도권은 남편이 잡고 능동적으로 대처하라.

6) 그때그때 즉시 처리하라!

쌓아 두었다가 한꺼번에 처리하는 것은 바람직하지 못하다.

7) 진실하고 꾸준한 대화를 유지하라.

성경은 "분을 내어도 죄를 짓지 말며(엡 4:26)", "유순한 대답은 분노를 쉬게 하여도 과격한 말은 노를 격동하느니라(잠 15:1)."고 남의 인격에 상처를 주는 것은 죄라고 지적한다.

5. 갈등 해결을 위해 꼭 지켜야 할 사항 4가지

1) 성숙한 사람은 먼저 사과할 줄 안다.

배우자가 사과할 때까지 기다리지 말라. 부부 사이는 자존심을 내

세우는 관계가 아니다.

2) 현재의 갈등을 과거와 연계시키지 말라.

3) 인신공격은 피하라.

4) 갈등이 심할 때 잠깐 침묵하라.
생각할 수 있는 시간을 갖는 것도 지혜의 한 방법이다.

6. 분노를 다루는 세 가지 방법

분노는 친밀한 인간관계를 위해 하나님이 주신 선물이다.

1) 화난 감정을 말로 표현하라(엡 4:29).
원인 제공자와 마주 앉아 이야기하라. 공격하지는 말라.

2) 하나님께서 갚아 주시도록 맡겨라(신 32:35; 사 41:11).

3) 용서하라(엡 4:32).
끝난 문제는 더 이상 거론하지 않기로 약속하라.

7. 부부 싸움의 10가지 수칙

모든 경기에 규칙이 있듯이 부부 싸움에도 규칙과 원리가 있다.

1) 어떠한 경우에도 폭력을 행사해서는 안 된다.

폭력은 폭력을 낳는다. 당한 사람은 평생의 상처로 남는다. 고함을 지르거나 욕설도 폭력에 속한다. 우리나라 매 맞는 아내가 37.5%, 전체 중 26%가 흉기 사용, 응급실 후송 13%, 3/4이 폭력가정에서 자란 남편, 20%는 정신장애(의처증), 80%는 인격장애 요인이다.

2) 충돌을 침묵으로 피하지 말라.

잠자기 전에 꼭 화해하라. 배우자를 조절하고 넘어뜨리기 위하여 침묵을 무기로 사용하는 것은 가장 어리석은 짓이다. 분방하거나 침묵하지 말고 지구전을 피하라. 침묵은 金이 아니라 玲(금, 갈라질 금)이다.

3) 부정적인 감정을 쌓아 두지 말라.

적대감은 참는 것으로 소멸되지 않는다. 감정은 그때그때 표현하라. 쌓아 두어서는 안 된다.

4) 장외 경기는 금물이다(링 안에서만 하라. 밖으로 나가면 더 어려워진다.).

5) 논쟁을 위한 환경을 준비하라.

부모의 격한 불화는 자녀의 인격에 깊은 상처를 남긴다. 최상의 시간과 장소를 준비하라. 자녀들에게 방해하지 않도록 부탁하라.

6) 다른 사람을 끌어들이지 말라.

어느 누구도 끌어들여서는 안 된다. 빗대서라도 비교하거나 개입시키지 말라.

7) 상호 인격적 모독을 하지 말라.

공격의 목표는 문제이지 배우자가 아니다. 싸움이 해결되었다고 해도 그 앙금은 오래오래 남는다.

8) 승부에 연연하지 말라.

문제 해결이 목적이지 이기는 것이 목적이 되어서는 안 된다. 부부 싸움에서 이겼다고 메달 받는 것 아니다.

9) 절대로 흘러간 옛 노래는 부르지 말라.

그날의 사건이나 문제만 가지고 싸우라.

10) 유머 감각을 잃지 말라.

쉽지 않지만 웃음은 긴장과 위협을 해소한다.

이런 10가지 수칙을 지키면서 하는 부부 싸움은 훌륭한 의사소통의 방법이 된다.

남편을 위한 아내의 기도

1. 가장으로서의 역할을 인식하고 잘 감당케 하소서!
2. 사회에서 인정받는 사람이 되게 하소서!
3. 우리 가족의 영적 지도자가 되게 하소서!
4. 경제적으로 능력 있는 남편이 되게 하소서!
5. 남편으로서 아내의 필요를 이해하고 잘 채워 줄 수 있게 하소서!
6. 타락된 세상 풍조로부터 자신을 잘 지켜 나가게 하소서!
7. 성적으로 실수하지 않게 하소서!

아내를 위한 남편의 기도

1. 주부로서의 역할에 자긍심을 갖게 하소서!
2. 자기 계발을 소홀히 하지 않게 하소서!
3. 자녀들 뒷바라지 때문에 남편과의 관계를 소홀히 하지 않게 하소서!
4. 남성에 대한 올바른 지식을 갖게 하소서!
5. 아내로서 남편의 약점을 잘 감싸 주고 도와줄 수 있게 하소서!
6. 가족들에게 분노를 쏟아 붓지 않게 하소서!
7. 성적으로 실수하지 않게 하소서!

부부가 함께하는 마당

1. 갈등을 해결하는데 있어서 배우자가 잘 하고 있다고 생각되는 것 5가지를 적어 봅시다.

　1)

　2)

　3)

　4)

　5)

2. 당신 자신이 개인적으로 배우자에 대해서 싫어하는 것 5가지를 적어 봅시다.

　1)

　2)

　3)

　4)

　5)

3. 부부싸움의 10가지 수칙 중에서 우리 부부가 잘 되고 있는 것과 잘 되지 않는 것은 어떤 것들입니까?

	잘 되는 것	잘되지 않는 것
1) 폭력 사용하지 않기	( )	( )
2) 침묵으로 피하지 않기	( )	( )
3) 감정 쌓아 두지 않기	( )	( )
4) 장외 경기는 금물	( )	( )
5) 논쟁을 위한 환경을 준비하기	( )	( )
6) 다른 사람을 끌어들이지 않기	( )	( )
7) 인격적 모독하지 않기	( )	( )
8) 승부에 연연하지 않기	( )	( )
9) 흘러간 옛 노래 부르지 않기	( )	( )
10) 유머감각을 잃지 않기	( )	( )

4. 잘되지 않는 것 중에서 내가 꼭 실천해야겠다고 생각하는 것 세 가지만 적고 구체적인 실천계획을 세워 봅시다.

1)

　　실천방안_____

2)

　　실천방안_____

3)

　　실천방안_____

제6강
성경적 자아상

"나도 이제 보니 괜찮은 사람이네요!"

주제 성구
잠 23:7; 빌 4:13

제6강 워크숍을 위한 Orientation

1. 지난 주간에 있었던 삶을 나눕니다.

2. 필독서를 통한 은혜를 나눕니다(독후감 발표).

6강 – 『자아 발견과 영적 성숙』(강준민/두란노)

3. 6과 주제 구절을 함께 확인 암송합니다.

잠 23:7

빌 4:13

4. 부부 행복 CHECK-LIST 결과 보고

그날그날 기록하는 것이 무엇보다 중요합니다.

침실이나 안방에 붙여 놓으면 잊지 않고 할 수 있습니다.

1부는 복사해서 팀 리더에게 제출하시기 바랍니다.

5. 팀을 위한 기도를 잊지 말아 주십시오.

6. 본 과정을 마칠 때까지 애칭으로 호칭해야 합니다.

7. 자기 짝과 주중에 은혜로운 통화를 하셨습니까?

8. 일주일에 두 가정 이상과 통화했나요?

서로 돌아보아 사랑과 선행을 격려하기 위해서(히 10:24-25)입니다.

9. 다음 과를 위한 암송 과제

딤전 6:10; 빌 4:11-12

10. 필독서를 미리 읽으시고 독후감을 제출해 주십시오.

7강 -『깨끗한 부자』(김동호/규장)

11. 본 과정의 특징과 장점은 '적용을 통한 삶의 변화'입니다.

1. 자아(自我)의 정의

자아는 개인의 성격과 기질, 인격으로 나눌 수 있는데, 성격은 인간의 지성, 정서, 의지적 반응 가능성의 총체(후천적), 기질은 개인의 생체 속에서 생리적 기초와 밀접하게 관련되는 성격의 하부구조이고(선천적), 인격은 개인의 신체적, 사회적, 정신적, 영적 측면을 총괄하는 전체적 통일체이다. 그리스도인으로서의 인격은 예수가 모든 행위의 중심이 될 때 발전한다.

인격발달의 네 가지 요소는 말씀, 예배, 교제, 표현(봉사)이다. 인간의 특성에서 자아는 뿌리요, 성격은 줄기와 가지이며, 인격은 줄기와 가지를 포함한 잎과 열매라 할 수 있다.

1) 심리학자들의 정의

① 프로이드(Freud)

"자아는 원초적 본능과 외부 현실세계를 중재 또는 현실세계를 통제하는 역할을 한다."

② 칼 융(Carl Jung)

"자아는 의식적 마음이다. 지각, 기억, 사고 및 감정으로 되어 있다. 자아는 인간의식의 중심에 있다."

③ A. 아들러(Alfred Adler)

"창조적 자아(creative self)를 발견하였다. 자아는 사회적 자극에 의하여 동기가 유발된다."고 주장했다.

④ C.로저스(Carl Rogers)

"자아에는 실제적 자아와 이상적 자아가 있다."

2) 자아상의 형성 근원

- 인격의 발달은 유전적, 환경적, 사회적 그리고 정서적 요소 등의 복합적인 영향에 의하여 좌우된다.

- 자신이 가지고 있는 과거의 추억들이 모여서 자아상이나 자아 개념을 형성한다.

- 자아상은 자신을 둘러싼 '중요한 타인(Significant Others)' 즉 부모, 형제, 친척, 학교나 교회의 선생님, 친구 등으로부터 영향을 받는데, 인정과 칭찬을 받을 때 긍정적인 자아상이 개발되며, 거절을 당할 때 부정적 자아상이 형성되기 쉽다. 또한 사회 전체의 가치관이 자아상 형성에 영향을 미치기도 한다.

- 자아상은 타인이 자신을 생각하는 관점에서 형성되는 것으로 생각하지만 사실은 자신이 스스로를 생각하는 개념이다. 따라서 자신의 이미지는 전적으로 자신의 판단이나 선택에 달려 있다.

- 어렸을 때의 거절이나 박탈은 어린이의 생활, 나아가서는 성인이 된 후에도 자아개념을 심각하게 손상시킨다.

"여러분의 자녀들을 격분하게 하지 마십시오. 그들의 기를 꺾지 말아야 합니다(골 3:21, 새 번역)."

- 아이들을 압박하거나 괴롭히면 그들이 낙심하고 침울해지고 열등감을 느끼며 좌절하게 된다는 것.

– 외부세계: 출생 전과 출생, 유아기, 사춘기를 거치며 함께 살아
온 부모, 가족, 친구, 선생님의 성품과 행동들.

– 대중매체: 미국 의사 윌리엄 디츠는 TV 앞에서 어린이가 주당
11-26시간을 소비하고 있으며 시간당 13건의 폭력장면
을 보고 있다고 보고했다.

– 내부세계: 기질, 능력, 체격

– 사탄의 영들

– 하나님의 말씀과 성령의 역사

3) 자아의 분류

① 신체적 자아 – 자신의 건강상태, 외모, 재능, 성적 매력 등과 같
은 자신의 신체에 대한 자아

② 도덕적 자아 – 선악, 윤리적인 면과 같은 자신의 인간됨의 자아

③ 가정적 자아 – 한 가정의 일원으로 소속감, 가치감, 원만한 가정
생활을 누리고 있는가를 나타내는 자아

④ 사회적 자아 – 타인과의 인간관계를 통하여 자신의 관념체계를
보여 주는 자아

⑤ 성경적 자아 – 자아 존중감, 자기 성격에 대한 평가를 나타내는
자아

– 자아상(self-image): 자기 자신에 대해 가지고 있는 그림이나 형상
예) 건강한, 수영을 잘하는, 두 아이의 아빠, 글씨를 잘 쓰는, 몸이
뚱뚱한, 변덕이 심한, 등등 ☞ 자기묘사

– 자존감(self-esteem): 자신의 가치, 능력, 중요성에 대한 평가

☞ 자기 평가

– 자아정체감(self-identity): 성 역할, 직업 역할, 정체의식의 개념

2. 자아상(自我像)의 영향

자아상은 마음을 조절하는 영향력을 가지고 있다.

1) 긍정적 자아상의 소유자:

① 스스로를 가치 있게 느끼며, 자신을 사랑하고 스스로의 약점까지도 모두 수용할 수 있다.

② 자신만만하지만 현실적이기도 하다.

③ 다른 사람이 부정적 태도를 보여도 긍정적 자세로 수용한다.

④ 항상 자신감이 있으며 삶을 두려워하지 않는다.

2) 부정적(열등한) 자아상의 소유자:

① 순수한 믿음의 성장을 기대하기 어렵다.

② 권위에 순종하지 않는다. 내적인 불안감 때문에 늘 사람들과 충돌한다.

③ 순수한 우정의 교류가 쉽지 않다. 자신에게는 열등감으로, 타인에게는 비판적으로 대하기 때문에 순수한 마음의 나눔이 잘 되지 않는다.

④ 질병의 포로가 된다. 모든 질병은 정신적인 이유와 관련되어 있다.

⑤ 자신을 신뢰하지 않고 항상 다른 사람으로부터의 평가 또는 공격을 두려워하기 때문에 자신의 생각을 잘 표현하지 않는다.

⑥ 자신이 느끼는 것에 대해서 다른 사람들도 항상 똑같이 느껴야 된다고 생각한다.

⑦ 다른 사람으로부터의 거절을 두려워하기 때문에 새로운 시도 자체를 꺼려 한다.

⑧ 죄책감, 불안, 초조해 하며 자신을 무가치하다고 생각한다.

⑨ 부족감과 열등감에 시달린다.

⑩ 자기를 비하함으로써 타인의 칭찬이나 인정을 그대로 받아들이지 못한다.

– 따라서 부정적 자아상을 가진 사람은 자기 멸시가 강하다.

– 부정적(열등한) 자아상은 우울증의 주요한 요소로 작용한다.

– 또 열등한 자아상의 소유자는 타인에 의해 인정받기를 원하므로 자신의 바람이나 생각하는 바에 의하기보다는 다른 사람들을 기쁘게 하기 위한 노력을 하게 된다.

– 스스로를 열등하게 느낀다면 결과도 그 수준으로만 나오게 된다. 능력이 조금 떨어지더라도 자존감(自尊感)이 강하면 능력 이상으로 해 내게 된다.

■ 병든 자아상을 가진 부부 유형

① 과장된 자아상 유형

남편: 비합리적이고, 거칠고, 사랑 없는 가장, 아내가 복종하기 어렵고, 아내의 제안을 받아들이지 않는다.

아내: 복종을 '자기 비하'로 여겨 남편의 지도력에 복종하기 어렵다.

② 위축된 자아상 유형

남편: '나는 제대로 하는 것이 없어.', '나를 좋아하는 사람은 아무도 없어.'와 같은 태도를 갖고 가정에서 지도력을 발휘하거나 사랑을 표현하기를 주저한다.

아내: 자신의 능력과 재능에 대한 현실적인 이해 부족으로 진정한 칭찬도 칭찬으로 받지 못한다.

3. 타락한 자아상(自我像) 유형

1) 자기중심(self-centerdness) ― 갈 5:26; 롬 12:10

타인의 권리나 요구에 무관심, 자기 칭찬, 타인 멸시가 강하고, 쾌락 사랑, 늘 첫째가 되어야 평안하다.

2) 자기 동정(self-pity) ― 고후 12:10 ☞ 자기 연민

늘 자신은 동정 받아야 한다고 생각. 타인들보다 더 어려운 일을 당하고 있다고 생각. 좌절, 절망, 지침, 불평, 원망에 쉽게 빠진다.

3) 자기의식(self-consciousness) - 행 1:14

자아에 대한 지나친 관심, 사춘기에 강하게 나타나는 자아이다. 무엇보다도 다른 사람에게 관심을 갖는 것이 필요하다.

4) 자아도취(self-narcissism)

자신의 재능, 실력, 성취도, 중요성, 우월성에 대한 편견과 착각, 과대망상증 환자(베드로, 히틀러 등).

5) 자기 애착(self-devotion)

응석과 시중 받기를 기대한다. 자아를 침대에 모셔 두고 누군가가 와서 그 자아를 쓰다듬어 주기를 바란다. 자기애가 강한 사람은 쉽게 모욕을 느끼며 조화된 공동체를 방해한다.

6) 자기 고집(self-obstinacy) - 벧후 2:10

자기를 방어하기 위하여 변명하기를 좋아하며 자기의 생각이나 뜻을 우상시한다.

7) 자기 멸절(self-extermination)

자신은 없어져야 한다는 허무주의 자아상태. 자살을 시도한다.

8) 자기 억제(self-restraint)

건드리면 죄가 쏟아져 나오기 쉽고 유혹이 오면 죄에 빠지기 쉽다.

금욕주의적인 자아상.

9) 자기 증오(self-hatred)

지긋지긋한 '나' 구체적인 학대로 발전. 비관주의 자아상.

10) 자기 체념(self-resignation) - 출 4:14

무력증에 시달림. 자신을 기대할 수도 기대하지도 못한다.

11) 자기 방어(self-defence) - 행 26:24

실패에 대한 자기 변호이다. 다른 사람을 깎아 내리고 뒤통수를 치며 악담을 하고 비평한다.

12) 자기 의(self-righteousness) - 계 3:17

자신의 우매함을 깨닫지 못하고 제 잘난 맛에 산다.

13) 자기 기만(self-deception) - 요일 1:7

허세, 과장, 위장, 거짓, 책임회피 등과 같은 부정직과 불성실한 자아이다.

14) 자기 탐닉(self-indulgence) - 고전 9:27

안일을 추구하고 감각적인 삶에 빠져 종종 사나워지기도 한다.

15) 자기 의지(self-will)

고집 세고 가르침을 받으려고 하지 않음. 언쟁 잘하고 말이 많다. 냉혹, 빈정, 교만, 명령, 지배적, 투정, 짜증, 기분 좋게 해 주기를 기대한다.

4. 성경적 자아상

성경에서 제시하는 자아상은 철저하게 긍정적이고 창조적인 것이다.

1) 균형 잡힌 자아관의 확립

타락한 죄인(롬 3:10,23)

하나님의 형상(창 1:26-28)

우월감	비교의식	나는 …보다 우월하다.
열등감	비교의식	나는 …보다 열등하다.
자존감	창조의식	나는 …과 다르다.

2) 창조신앙에 의한 '자기 가치' 발견

3) 구속신앙에 의한 '자아 실현'의 믿음(빌 1:6; 2:13)

4) 종말신앙에 의한 '자아 실현'의 희망(요 19:20; 딤후 4:6,7)

5. 성경적 자아개념의 바른 이해

1) 자기 부인(Self-denial)

"자기 부인은 자기 학대가 아니다. 자기 부인은 성경적 개념이지만 자기 학대는 성경적이 아니다(데이빗 칼손)."

"자아가 죽어야 한다"든가 "나는 십자가에 못 박혔다"는 말이 결코 "자기를 잃어버리는" 의미로 이해되어져서는 안 된다.

3) 자기 가치(Self-worth)

"그리스도인들은 하나님 앞에서 합당치 못한(unworth) 존재였으나 결코 무가치한(worthless) 존재는 아니다(조시 맥도웰)."

4) 자기 사랑(Self-love)

"그리스도인들이 자기를 사랑하는 것이 죄가 아니라, 자기만을 사랑하는 것이 죄이다(루이스 스미스)."

6. 성경적 자아상의 긍정성

성경적 자아상은 아래의 세 가지 영역에 대하여 어떤 가치 체계보다도 적극적인 인식을 제시하고 있다.

1) 소속감(Belongingness)-엡 1:1-4; 사 43:1-7; 벧전 2:9,10

"나는 받아들여지고 있는가?"에 대한 태도이다.

2) 가치감(Worthiness)—고전 1:9, 12:14-27; 고후 5:17-19

"나는 요구되고 있는가?"에 대한 태도이다.

3) 신뢰감(Competence) 빌 2:13, 4:13; 마 4:19)

"나는 할 수 있는가?"에 대한 태도이다.

7. 성경적 자아상 회복을 위한 치유 4단계

인간의 자아는 4가지의 자아로 분류되는데 건강한 자아상 회복을 위한 치유는 먼저 '무의식적 자아'의 영역에서부터 시작되어야 한다. 그리고 치유의 목표는 하나님이 기대하시는 건강한 삶이어야 한다.

	내가 모르는 나	내가 아는 나
남이 모르는 나	① 무의식적 자아	② 숨겨진 자아
남이 아는 나	③ 맹목적 자아	④ 표면적 자아

〈조하리의 창(Joharis' Window)〉

1) 1단계 – '무의식적 자아(Unconscious Self)'의 치유

치유 목표: 하나님과의 평화

① 하나님과의 갈등을 해결하기(롬 5:1,10)

표면적 문제	고립, 격리, 좌절, 실패, 원망, 증오, 시기
표면적 원인	열등감, 비교의식
근본적 문제	하나님에 대한 원망
근본적 원인	하나님에 대한 무지와 불신

② 하나님의 계획을 신뢰하라(시 139:13-17; 엡 2:10).

2) 2단계 - '숨겨진 자아(Hidden Self)'의 치유

치유의 목표: 하나님의 평화를 경험

① 하나님께 죄를 자백하라(요일 1:9).

② 신뢰할 만한 성도들에게 죄를 고백하라(약 5:16).

3) 3단계 - '맹목적 자아(Blind Self)'의 치유

치유의 목표: 이웃들과의 평화

① 이웃들의 충고를 수용하라(잠 12:1, 13:18).

② 이웃들과의 열린 교제를 추구하라(히 10:24-25).

4) 4단계 - '표면적 자아(Superficial Self)'의 치유

치유의 목표: 자신과의 평화

① 바람직하지 못한 삶의 영역들을 개선하라(엡 5:22-29).

② 바꿀 수 없는 자신의 상황을 수용하라(고후 12:7-10).

8. 기타

창조적인 자아상을 소유할 때 행복은 비로소 내 안에 있다. 행복은 멀리 있는 것이 아니다. 변화된 내 안에 있다.

1) 하나님의 세계에는 모든 것이 아름답고 풍성하다. 나도 그 안에 있다. 행복한 나의 모습을 그리면서 항상 '나는 행복하다'고 말하라. 감사와 기쁨과 사랑이 담긴 언어를 사용하라. 그리고 부정적인 말은 쓰지 않겠다고 스스로에게 다짐하라.

2) 나를 사랑하라. 타인과 비교하지 말라. 나는 이 세상에 둘도 없는 하나님의 독창적인 창조물이다.

3) 항상 기뻐하라. 범사에 감사하라.

4) 자신의 장점과 강점을 극대화하라.

5) 긍정적이고도 적극적인 친구를 사귀어라. 소극적 친구는 나까지 소극적으로 만든다.

6) 항상 동행하시는 주님을 생각하며 그분과 끊임없이 대화하라.

7) 부정적인 노래, 영화, 책 등을 멀리하라. 사람은 부정적인 것으

로부터 쉽게 영향을 받도록 되어 있다.

8) "항상 담대하라. 세상을 이기었노라."라는 하나님의 말씀을 기억
하라.

9) 매일 기도하라. 모든 것을 주께 맡기라. 자신의 경험과 능력을 의
지하지 말고 하나님의 도우심을 구하라.

어느 그리스도인의 기도

하나님이시여!
제가 변화시킬 수 없는 것들을
받아들일 수 있는 평온함을 주시고
제가 변화시킬 수 있는 것들을
변화시킬 수 있는 용기를 주시옵소서.
그리고 이 두 가지의 차이를 헤아려 아는
지혜를 주시옵소서.

"인간이 할 수 있는 가장 쉬운 일은 남에게 충고하는 일이고, 가장
힘든 일은 자기 자신을 아는 것이다(Talles)."

"개인의 자아 형성 기초에서 가장 중요한 집단은 가족이다
(F. E. Merrill)."

부부가 함께하는 마당

1. 나는 어떤 사람인가? 나의 좋은 이미지 10가지를 적어 봅시다.

1) 나는 _____이다.

2) 나는 _____이다.

3) 나는 _____이다.

4) 나는 _____이다.

5) 나는 _____이다.

6) 나는 _____이다.

7) 나는 _____이다.

8) 나는 _____이다.

9) 나는 _____이다.

10) 나는 _____이다.

2. 내가 가지고 있는 열등감(부정적 자아)은 어떤 것들이 있는가?

1) _____

2) _____

3) _____

4) _____

5) _____

3. 그 열등감을 긍정적으로 고치기 위해 어떻게 해야 할까요?

4. 오늘 강의를 듣고 나의 건전한 자아상을 세우기 위해서 어떻게 하겠습니까? 구체적인 실천 방법을 적어 봅시다.

1) _____

2) _____

3) _____

4) _____

5) _____

"건강한
부자가
되고 싶어요!"

주제 성구
딤전 6:10; 빌 4:11-12

^{제7강} 워크숍을 위한 Orientation

1. 지난 주간에 있었던 삶을 나눕니다.

2. 필독서를 통한 은혜를 나눕니다(독후감 발표).

7강 – 『깨끗한 부자』(김동호/규장)

3. 6과 주제 구절을 함께 확인 암송합니다.

딤전 6:10

빌 4:11-12

4. 부부 행복 CHECK-LIST 결과 보고

그날그날 기록하는 것이 무엇보다 중요합니다.

침실이나 안방에 붙여 놓으면 잊지 않고 할 수 있습니다.

1부는 복사해서 팀 리더에게 제출하시기 바랍니다.

5. 팀을 위한 기도를 잊지 말아 주십시오.

6. 본 과정을 마칠 때까지 애칭으로 호칭해야 합니다.

7. 자기 짝과 주중에 은혜로운 통화를 하셨습니까?

8. 일주일에 두 가정 이상과 통화했나요?

서로 돌아보아 사랑과 선행을 격려하기 위해서(히 10:24-25)입니다.

9. 다음 과를 위한 암송 과제

사 46:4; 잠 5:19

10. 필독서를 미리 읽으시고 독후감을 제출해 주십시오.

8강 - 『준비된 접촉이 인생을 바꾼다』(이요섭/나섬)

11. 본 과정의 특징과 장점은 '적용을 통한 삶의 변화'입니다.

1) 성경에는 약 1,800여 회나 돈에 대하여 언급하고 있다. 사복음서에 나타난 예수님의 교훈 중에서 경제에 대한 말씀이 무려 2/3를 차지한다. 주님은 돈 문제에 대하여 상당히 많은 정력과 시간을 할애하셨다. 특히 마태복음 6장 24절에서는 사람이 하나님과 돈을 겸하여 섬길 수 없다고 경고하셨다.

2) 현대사회에서 일어나고 있는 많은 범죄사건(살인, 강도, 절도, 사기, 방화, 자해 등)들은 돈 문제와 깊은 관련이 있다. 우리나라의 형사, 민사 사건의 90% 이상이 돈에 관련된 사건들이다. 돈을 조금만 더 가질 수 있다면 사람의 목숨도 개의치 않는 황금만능 시대 속에서 우리 그리스도인들은 어떻게 살아야 할까?

3) 세계적인 부호에게 뉴욕타임즈 기자가 물었다.
"당신은 대단히 많은 돈을 가졌는데 행복하십니까?"
"아니요!"
"그러면 얼마나 더 벌어야 행복하시겠습니까?"
"조금만 더!"

- 돈을 버는 것은 마치 소금물을 마시는 것과 같다(쇼펜하우어).
- 돈으로 신용을 얻으려 하지 말고 신용으로 돈을 벌라(테미스토클레스).
- 믿음의 가면은 쓸 수 있어도 돈지갑은 속일 수 없다(미국 속담).

■ 남편이 어떤 투자를 하기에 앞서 아내가 정확히 이해할 수 있도록 설명하지 못한다면 그 일은 추진도 하지 말라(탈무드).

1. 가정 경제의 성경적 원리

경북대학교 회계학과 조성표 교수는 "하나님께서 이 세상의 모든 것을 소유하고 계신다는 사실을 먼저 인정하고 가정 경제를 부부가 함께 이끌어 가는 것이 중요하다."고 말한다. 그리고 "부부의 재정 분리는 부부간의 위험신호다."라고 지적했다. 즉 부부가 '딴 주머니'를 차는 것은 성경적이지 못하다는 것이다. 조 교수는 부부가 재산을 합치지 않고 독립성을 유지하려는 것은 이기심이나 미래에 대한 두려움 때문이며 이것은 바로 부부를 갈라놓으려는 사탄의 전략이라고 강조한다. 부부가 하나이며 모든 것이 하나님께 속한 사실을 인정하면 재산을 통합할 수 있다는 것이다.

또한 대다수의 가정에서 아내 혼자 가계부를 쓰고 돈을 지출하며 가계경제를 책임진다. 그러나 모든 책임은 부부가 함께 지는 것이 성경적이다. 부부가 함께 예산을 짜고 지출계획을 세우면서 대화할 때 책임을 나누는 동료애를 느끼게 되기 때문이다.

하나님께서 바라는 결혼이란 두 사람이 전적으로 하나가 되어 동반자로써 서로 도우며 살아가는 것이다.

"누가 현숙한 여인을 찾아 얻겠느냐 그 값은 진주보다 더 하니라 그런 자의 남편의 마음은 그를 믿나니 산업이 핍절하지 아니하겠으며(잠 31:10,11)."

또 십일조는 모든 소유가 하나님 것임을 인정하는 외적 표시이다. 십일조 거부는 하나님을 우선순위에 두지 않는 부부에게 나타난다. 사업가의 경우 십일조를 순수입과 총수입 중 어느 것에 따라 드려야 하느냐고 상담하는 경우가 있다. 가정사역자들은 하나님은 모든 것을 소유하신 분이기 때문에 십일조 금액은 중요하지 않다고 말하며 만일 하나님이 순수입만 소유하고 있다고 생각한다면 순수입에서 십일조를 떼라고 대답하고 있다.

단순히 돈을 벌기 위해 투자하는 것은 바람직하지 못하다. 반드시 분명한 목적이 있어야 한다고 덧붙인다. 즉 하나님의 사업을 위해 목돈이 필요할 경우와 가족들을 바르게 부양하기 위해서는 합당하지만 정당한 목적 없이 돈만 축적한다면 우상을 섬기는 것과 같다는 것이다.

하나님은 경제적 어려움을 통해 물질 욕심이 많은 그리스도인을 훈련시킬 뿐 아니라 부부의 연합과 분명한 인생의 방향을 제시한다. 이웃에게 베풀고, 힘써 일하며, 잘 관리할 때 돈으로부터 자유로워질 것이다. 우리는 이미 남편과 아내가 전인격적으로 완전히 서로를 위탁하는 것이 결혼이라는 사실을 살펴보았다. 가정의 재정문제에서도 남편과 아내는 완전히 하나가 되어야 한다.

돈은 가정을 유지해 주는 것들 중에 중요한 부분으로 경제적 어려움에 부딪치면 부부의 갈등은 더욱 심각해진다(IMF 시대의 예).

이혼 사유 중 다섯 번째 안에 드는 것이 바로 이 부분이다.

가정 경제! 역시 한 몸이 되어야 할 영역이다.

2. 누구의 돈인가?(롬 11:36 – 소유관)

과연 돈의 소유주는 누구인가?

나는 과연 돈에 있어서 어떤 역할을 감당해야 하는가?

1) 자본주의 철학

정당한 노동의 대가로 번 돈의 소유주는 나다.

2) 공산주의 철학

정당한 노동의 대가로 번 돈뿐만 아니라 살고 있는 집, 자동차, 가구 모두가 당(국가)의 것이다.

3) 신본주의 철학

모든 것이 하나님께로부터 와서 하나님께로 돌아감으로 하나님의 것이며 나는 단지 청지기일 뿐이다.

3. 왜 돈을 버는가?(목적관)

목적이 분명하지 않으면 출발 선상에서부터 혼돈과 무질서를 경험하게 된다.

1) 잘못된 태도들

① 돈은 많이 벌수록 좋다(잠 23:4; 골 3:5).

돈은 하나님의 영광을 위한 수단이지 탐욕의 대상이 아니다.

② 돈을 남보다 많이 벌면 성공한 사람이요, 행복한 사람이다.

남이 얼마나 벌었는가를 보지 말고 나의 필요가 무엇인가를 보라(시 146:5).

③ 돈이 있어야 인간적인 대우를 받을 수 있고 나의 만족을 채워 줄 수 있다.

이 태도는 사치와 허영으로 자신을 꾸미게 되고 결국 만족을 얻지 못하는 인생을 살게 한다(전 5:10).

④ 돈은 땀을 흘리지 않고도 얼마든지 벌 수 있다.

불한당(不汗黨)들이다. 무위도식하며 빈둥빈둥 놀고 지낸다.

"누구든지 일하기 싫어하거든 먹지도 말게 하라(살후 3:10)."

2) 올바른 태도

돈은 하나님께서 창조하신 물질세계의 한 부분이고 노동의 대가로 얻어지는 결실이다.

① 돈은 정당한 노동의 대가이다. 성실하게 수고하여 얻으라(시 128:2; 잠 13:11).

② 돈보다 노동을 더 소중히 하라(전 5:12; 살후 3:10).

돈을 버는 것이 즐겁기보다는 일을 하는 것이 즐겁고 보람있어야 한다(게으름을 피우는 야생동물은 이빨부터 빠진다).

③ 돈은 나와 가족들의 일용할 양식을 위하여 벌라(마 6:11).

④ 하나님이든지 재물이든지 둘 중 하나를 택하라(마 6:24).

⑤ 십일조와 헌금을 구별하여 드리라(창 14:20; 마 23:23).

*참고 구절

1. 출 20:9

2. 잠 13:11

3. 잠 6:6-11

4. 잠 15:27

5. 엡 4:28

6. 골 3:23,24

7. 약 5:1-6

8. 신 8:18

9. 전 5:10-20

10. 딤전 6:6-10, 17-19

4. 돈 관리 어떻게 할 것인가?(청지기관)

"먹고 죽은 귀신은 때깔도 곱다(?)."

"입어 망하고 먹어서 망했다면 손해는 없다(?)."

– 우리의 향락 소비문화가 낳은 하나의 소리들.

오늘날 돈은 현대 경제 사회 속에서의 편리와 풍요의 단계를 넘어

무한한 축재의 도구로 이용되고 있다. 돈을 무한정 소유하고자 하는 인간의 끝없는 탐욕은 사랑과 섬김과 화합의 세계를 열어 가야 할 인간세계에 상상을 초월하는 비극적인 사건들을 만들어 내고 있다.

잘못된 소유욕이 필요 이상의 이기심과 애착심을 조장하여 과욕을 부리게 하고 많은 사람들이 저를 사랑하여 믿음을 배반하고 신앙에서 떠나갔다(딤전 6:10).

돈은 우리 믿음의 시험대(마 4:1-10, 6:24)이며 돈 관리에 있어서 기본적인 자세는 청지기이다(마 25:21).

1) 수입을 지혜롭게 극대화하라(마 25:19-23).

한탕주의로 신앙도 도덕도 망각하고 벌라는 것이 아니다.

① 일을 사랑하고 성실하게 하자.

② 빚을 먼저 갚자.

③ 수익률과 안전도를 점검하자.

2) 수입보다 지출을 작게 하라(요 6:12).

우리 국민들의 수입이 결코 작지 않았다. IMF의 원인은 수입보다 잘못된 지출 때문이었다.

① 필요에 의한 구매를 하라.

② 빚을 지지 말라.

③ 수입 안에서 지출하라.

3) 지출시 감정적이고 비계획적인 지출을 삼가라.

충동구매나 분수를 넘는 지출을 삼가라는 말이다.

4) 저축하라.

① 장기적인 안목을 갖자.

② 수익률과 안전도를 점검하자.

③ 저축하고 남은 돈으로 생활하자.

5. 헌금과 성장(딤전 6:18-19 – 헌금관)

예화) 어느 부자의 천국입성/천국에서의 자신의 집이 기차길옆 오막살이

성도가 돈을 버는 목적은 하나님께 영광을 돌리기 위해서다. 성경에는 경제이론으로 설명하기 힘든 경제적 성장론이 있다(학 1:3-9; 말 3:10).

1) 예수님의 교훈

① 십일조와 헌금은 사랑과 정성으로 하라(마 23:23).

② 인간관계의 화목이 헌금보다 중요하다(마 5:23-24).

③ 헌금은 은밀히 하라(마 6:3-4).

2) 헌금 방법

"매주 첫날에 너희 각 사람이 수입에 따라 모아 두어서 내가 갈 때에 연보를 하지 않게 하라(고전 16:2)."

"이것이 곧 적게 심는 자는 적게 거두고 많이 심는 자는 많이 거둔다 하는 말이로다 각각 그 마음에 정한 대로 할 것이요 인색함으로나 억지로 하지 말지니 하나님은 즐겨 내는 자를 사랑하시느니라 하나님이 능히 모든 은혜를 너희에게 넘치게 하시나니 이는 너희로 모든 일에 항상 모든 것이 넉넉하여 모든 착한 일을 넘치게 하려 하심이라(고후 9:6-8)."

① '매주 첫날에'란 정기적인 헌금생활을 의미한다.

② '너희 각 사람이'란 모든 성도를 의미한다.

③ '저축하여'란 수입이 있을 때마다 구별하여 두었다가 헌금하라는 의미이다.

④ '이를 얻은 대로'란 비례적인 헌금을 의미한다.

⑤ '각각 마음에 정한대로' 드려야 한다.

⑥ '인색함이나 억지로' 드려서는 안 된다.

⑦ '즐거움으로' 드려야 한다.

부부는 한 몸이다. 재정관리도 한 뜻으로 해야 한다. 남편과 아내가 각각 다른 주머니를 가지고 있다면 한 주머니로 만들어야 한다. 돈 문제에 있어서도 우리는 청지기의 삶을 살아야 한다.

건전하고 하나님께 헌신된 가정의 가계부는 '헌금' 혹은 '구제비' 항목이 있다. 어떤 사람들은 돈이 있어야 교회도 다닐 수 있다고 한다. 하나님께 바치는 헌금에 대한 과중한 부담감을 빗대어 말한 것일 것이다. 물질은 하나님과 우리의 관계에 있어서 우선순위를 시험하는 시금석이며 우리의 내적 상태를 표현하는 형식이다.

부부가 딴 주머니를 차는 것은 성경적이 아니다. 부부가 재산을 합치지 않고 독립성을 유지하려는 것은 이기심이나 미래에 대한 두려움 때문이며 이것은 부부를 갈라놓으려는 사탄의 전략이다. 부부가 하나이고 모든 것이 하나님께로부터 주어졌음을 인정하면 재산을 통합할 수 있다. 아내 혼자 가계부를 작성하고 가정 경제를 책임지는 것은 옳지 않다. 부부가 함께 예산을 관리하고 지출계획을 세우면서 대화할 때 책임을 나누는 동료애를 갖게 된다.

또 십일조는 모든 소유가 하나님 것임을 인정하는 외적 표시이다. 십일조 불이행은 하나님을 우선순위에 두지 않은 부부에게 나타난다. 단순히 돈을 벌기 위해 정력을 소비하는 것은 바람직하지 못하다. 정당한 목적 없이 돈만 축적한다면 우상을 섬기는 것과 다를 바 없다.

◈ 경제에 대한 남녀의 일반적 차이 ◈

항 목	남 자	여 자
가치관	돈은 성공의 척도다.	돈은 성공의 전부가 아니다.
신뢰도	아내가 하는 지출을 신뢰하지 못한다.	남편의 계획성 없는 지출에 갈등한다.
저축	돈은 하나님께서 쓰시라고 주신 것이다.	안 먹고 안 입고서라도 저축은 해야 한다.
지출	쩨쩨해서야 되겠는가! 써야 할 때는 기분 좋게 써야 한다.	가정의 규모에 알맞게 지출해야 한다.
여가생활	어떻게 하면 멋진 오락, 접대, 휴가를 보낼까! 쓰자. 써!	어떻게 하면 돈이 들지 않는 여가를 보낼 수 있을까!
사용 우선순위	목돈 들어가는 것을 생각(새 자동차, 새 오디오 등)	자잘한 것이 우선(속옷, 식탁보, 커튼 등을 바꾸는 것)
직장	재정적인 유익이 우선	남편 건강을 위한 환경 중요
나눔	희생해서라도 부모와 형제들에게 최선을 다해야 한다.	돕는 것은 좋지만 희생하면서까지 시댁에 잘할 수는 없다.

부부가 함께하는 마당

1. 우리 가정의 돈으로 인한 갈등에는 어떤 것이 있나요?

(생활비, 과외비, 용돈, 경조사비, 카드 사용 등)

2. 우리 부부의 경제적인 측면의 투명성은 어느 정도인가요?

우리 부부는?(투명하다. 투명하지 않다. 잘 모르겠다.)

3. 우리 부부가 가지고 있는 소유관, 목적관, 청지기관, 헌금관에 대하여 고쳐야 될 부분에 대해서 기록해 봅시다.

소유관_____

목적관_____

청지기관_____

헌금관_____

*추천 도서

『솔직하게 말해서 예수님 다음으로 돈이 좋아요』(김동윤/교회성장연구소)

『돈 걱정 없는 가정』(래리 버켓/기독교대학 설립 동역회)

『돈. 섹스. 권력』(리차드 포스트/두란노서원)

『돈, 그 끝없는 유혹』(황호찬/IVP)

사랑의 피부 접촉

"서로 만지고 살자고요!"

주제 성구
사 46:4; 잠 5:19

제8강 워크숍을 위한 Orientation

1. 지난 주간에 있었던 삶을 나눕니다.

2. 필독서를 통한 은혜를 나눕니다(독후감 발표).

8강 –『준비된 접촉이 인생을 바꾼다』(이요섭/지가원)

3. 8과 주제 구절을 함께 확인 암송합니다.

사 46:4

잠 5:19

4. 부부 행복 CHECK-LIST 결과 보고

그날그날 기록하는 것이 무엇보다 중요합니다.

침실이나 안방에 붙여 놓으면 잊지 않고 할 수 있습니다.

1부는 복사해서 팀 리더에게 제출하시기 바랍니다.

5. 팀을 위한 기도를 잊지 말아 주십시오.

6. 본 과정을 마칠 때까지 애칭으로 호칭합니다.

7. 자기 짝과 주중에 은혜로운 통화를 하셨습니까?

8. 일주일에 두 가정 이상과 통화했나요?

서로 돌아보아 사랑과 선행을 격려하기 위해서(히 10:24-25)입니다.

9. 다음과를 위한 암송 과제

고전 7:3-4; 히 13:4

10. 필독서를 미리 읽으시고 독후감을 제출해 주십시오.

9강 – 『화성 남자 금성 여자의 침실 가꾸기』(존 그레이/친구미디어)

11. 본 과정의 특징과 장점은 '적용을 통한 삶의 변화'입니다.

　"산다는 것은 단순히 숨 쉬는 것이 아니다. 산다는 것은 행동하는 것이며 우리 신체의 각 부분을 통하여 느끼는 것이다. 존재의 의미는 피부의 느낌에 있다(루소)."

　"캘리포니아의 가출 소녀의 90%가 접촉 결핍증에 걸려 있다(빌 존스 박사)."

　"'사랑합니다'라는 고백은 허공에서 맴돌다가 사라지는 소리라고 한다면 살결과 살결이 부딪치는 것은 사랑을 녹음하는 일이다(레오 버스카

글리아)."

"접촉은 지금까지 우리가 몰랐던 최고급의 만족을 주는 최상의 삶의 질이다(에드워드 홀)."

"몸의 통증을 없애는 데도 수술이나 투약보다는 마사지나 지압을 이용하는 경우가 많아지고 있다."
"유명세를 치르는 것은 다름 아닌 낯선 사람들의 손끝을 참아내는 일이다(헐리우드 영화계)."

"동물원의 동물은 보는 것이 아니라 만져야 한다(데스몬드 모리스)."
– 실제로 최근 동물원들이 관람객들이 동물을 만질 수 있도록 구조를 바꾸고 있다.

"한 번의 다정한 육체적 접촉은 사전에 담긴 아름다운 단어들을 다 망라한 사랑의 표현보다 더 강렬하다(데스몬드 모리스)."

"옷깃만 스쳐도 인연이다(우리나라 속담)."

"지금! 하던 일을 멈추고 당신의 몸과 접촉되어 있는 것들이 무엇인가를 알아차려 봅시다."

* 현대인들의 3대 굶주림

1) 대화의 굶주림(Talking Hungry)

2) 접촉의 굶주림(Touching Hungry)

3) 성적(性的) 굶주림(Sex Hungry)

1. 접촉이 왜 중요한가?

사람들은 접촉을 매우 당연시하고 별로 대수롭지 않게 여기고 있으
나 접촉은 인간의 오감 중에서 제일 중요한 것이라는 것을 알아야 한
다. 사람은 신체의 장애를 가지고도 정상적인 인간관계를 맺으며 살아
갈 수 있으나 접촉 장애자는 불가능하다. 왜냐하면 접촉 결핍은 심각
한 신체적, 정신적, 심리적 파괴를 가져다 주기 때문이다.

인간은 약 106개의 화학 원소로 만들어져 있는데, 이 원소들은 두
뇌에서 만들어진 또 다른 원소들에 의하여 온몸의 각처로 보내진다.
피부접촉을 하게 되면 접촉이 뇌에 자극을 주게 되어 뇌 속에 있는 화
학 요소의 생산을 자극하는 데 큰 몫을 하게 된다. 그러므로 만일 접
촉이 충분하지 못하면 필요한 화학원소들이 피, 근육, 세포, 샘, 호르
몬 등에 지속적으로 공급되지 않게 되어 사람이 병들게 되는 것이다.

- 접촉은 살결과 살결의 부딪침을 통한 교제나 의사의 전달이라는
의미에만 그치는 것이 아니라, 심리적인 영역, 더 나아가서는 영적인

영역까지 확장시킨다.

– 접촉은 두려움을 소멸시켜 주고 고통을 완화시키며 위로를 준다. 또 접촉은 의식을 하든 않든 간에 상대와의 대화를 나누는 기본적인 수단이 된다.

1) 유아기(부모로부터 충족/적극적)

인간에게 있어 가장 중요한 시기이다. 아기는 모든 사물을 만지려는 강한 욕구가 있다. 이 욕구는 부모나 일가친척, 이웃들로부터 충분히 공급되어져야 한다.

특히 신생아의 처음 6주간은 인생을 통틀어 가장 중요한 학습기간이다. 근육과 신경의 발달이 이때 가장 왕성하게 일어나기 때문이다. 이 시기의 특별한 자극들은 아기의 지능과 신경발달에 크게 영향을 미친다.

유아기 시기에는 사랑과 안정의 기본적인 욕구가 있는 시기이므로 피부접촉이 이러한 아이의 욕구를 가장 명확히 그리고 충분하게 채워줄 수 있다고 학자들은 말한다. 유아기 때는 몸을 완전 개방하여 사랑을 배우는 시기여서 피부접촉을 통한 사랑의 느낌은 인생 전체에 지대한 영향을 미친다. 피부접촉은 단순한 커뮤니케이션이 아니다. 사랑을 주고받는 행동이며 후에 정서의 안정과 사회성 발달에 지대한 영향을 미친다. 유아기 때 접촉이 결핍되면 많이 울거나 여러 가지 잔병을 앓게 되며 세포들이 약화되고 죽어 간다. 아이들이 따뜻한 피부를 그리워하는 정도는 음식을 원하는 생리적 욕구보다 훨씬 강하다.

"인간 폭력 행위의 근본적 원인은 생의 초창기 시절 당연히 있어야 할 피부접촉이 주는 쾌감의 부재에 있다(제임스 프레스콧)"

르네 스피츠 박사의 '마라스무스' 병 – 의학상의 명확한 이유 없이 시들다라는 헬라어

사우스 캐롤라이나 주립대학의 의과대학에서는 인큐베이터 속의 미숙아들을 대상으로 접촉 결핍증에 대한 임상 실험의 예

- A그룹: 매일 15분씩 4회 피부접촉, 음식물은 70%만 공급
- B그룹: 피부접촉 금하고 충분한 영양식을 공급.

한 달 후 B그룹이 A그룹보다 훨씬 병약(몸무게, 신장의 열세와 잔병과 불안증, 창백, 눈물이 적고 심장박동과 호흡이 약해짐).

접촉 행위가 언어 발달에 상당한 영향을 주며 무엇인가를 만지려 할 때 손에 닿는 것이 없어 충분한 접촉이 없다면 정상적인 근육과 뇌 활동이 이루어질 수 없다.

"구강 접촉은 유아기 때 가장 강하다."– 구강접촉이 충분한 아이는 근육 활동이 민첩했고 회화 표현능력이 뛰어났다. 모유는 아이의 심리적, 정신적인 건강과 모자간의 결속에 절대적으로 필요하다(우유병은 커뮤니케이션의 바른 대상이 아니다).

접촉이 모자라면 양심에는 구멍이 생긴다. 부드러운 접촉을 기대하고 우는 아기에게 아무런 접촉이 없게 되면 외로움을 경험하게 되고 울다 지친 아기는 자신의 무력함을 경험하게 되며 정서 상태는 단순한 본능적인 욕구가 채워지지 않자 분노로 변한다.

자신은 사랑 받을 수 없는 존재이며 무가치한 존재라는 느낌이 무의

식 세계에 자리 잡게 되고 동시에 세상은 악하고 냉정한 곳이라는 결론을 내리게 된다. 이것이 반복되면 무의식 속에서 자신의 무가치함을 인하여 자신을 미워하게 되고 결국 남도 미워하게 된다. 그리고 자신에게 무관심한 사람이나 사물을 향하여 때리고 차고 부수는 폭력성이 자연스럽게 나타나게 된다.

유아기의 접촉활동은 한 인간의 감성과 행동을 결정하고, 지성의 발달과 강한 안정감, 자기 수용, 자기 존중, 긍정적 자아의식과 같은 결과를 가져오게 하고 특히 최대의 장점은 사랑할 줄 알고 사랑받을 줄 아는 성숙한 인간이 되는 데 있다.

2) 사춘기(부모에게서 동성으로 전환/적극적)

부모와의 접촉의 기회가 급격히 줄어든다. 13세 이후에는 부모와의 접촉을 의도적으로 피하게 되며 이 시기에는 동성 친구들과의 강한 접촉이 특히 심하고 점차 이성과의 접촉으로 욕구가 넘어가는 시기이다. 특히 스포츠를 통한 접촉이 그들의 중요한 해소 방법이 된다.

3) 청년기(동성에게서 이성으로 전환/적극적)

18세에 들어서면서 이제 접촉에 대한 욕구는 동성에서 이성으로 넘어 가며 이성과의 접촉에서 황홀감을 경험한다.

4) 장년기(배우자에게서 자녀로 전환/소극적)

결혼 후에는 성적인 접촉 외에는 접촉의 빈도가 매우 약하게 되며 특히 우리나라는 부부간의 접촉은 매우 희박한 상황에 있다. 특히 자녀를 갖게 되면서부터는 자녀와의 접촉 빈도는 늘어나는 반면 배우자와의 접촉은 급격히 줄어든다.

5) 노년기(극심한 접촉 결핍증/빈사상태)

나이가 들면 들수록 이 증세는 심화되어 노인이 되면 접촉 빈사 상태가 된다. 노인들은 자주 외로움과 고독을 경험한다. 이 노년기에 있는 모든 사람이 요구하는 최상의 욕구가 피부 접촉임을 잊지 말라.

연로하신 부모님과 주변의 노인들을 자주 안아 드리라. 녹용보다 용돈보다 훨씬 값진 최고의 효이며 사랑법이다.

6) 사랑은 접촉이다.

어린아이들이 내게 오는 것을 금하지 말라(예수님).

예수님은 참으로 접촉의 대가이시다(요 13:23-25).

배 아플 때 쓰다듬어 주시던 할머니의 약손.

– 잘못된 주장들

"아기가 손 많이 타면 버릇없어진다."

"울 때마다 안아 주면 습관이 된다."

"독립심을 위하여 일찍부터 따로 자는 습관을 가르쳐야 한다."

나쁜 버릇이나 습관은 자주 안아 주거나 품에서 잠들 때 생기는 것이 아니다. 오히려 접촉의 욕구가 불충분할 때 생기는 것이다.

"손대지 마!", "만지지 마!", "흙장난 하지 마!", "진흙에서 놀지 마!"와 같은 말들은 아이의 능동적인 접촉을 막아 버린다. 이러한 말들은 "관심 갖지 마!", "배우지 마!"와 같은 의사로 전달이 된다(넘어져서 우는 아이를 안아 주지 않고 과자로 달래려는 어머니).

사랑은 접촉이고 접촉이 곧 사랑이다. 접촉은 악수하는 것에서부터 등을 토닥거린다거나 이야기하면서 어깨를 껴안는다든지, 포옹을 하거나 키스를 하는 것 등, 강도가 약한 접촉에서 은밀하고 깊숙한 접촉까지 그 방법은 다양하다. 사랑의 표현이 다양하면 풍성한 기쁨을 경험하게 된다. 사랑을 가장 잘 표현하는 방법은 무엇보다도 서로 접촉하는 것이다. 접촉을 통해서 사랑은 구체적으로 전달된다.

- 오늘 당신은 배우자를 몇 번이나 만져 보았는가?
- 그리고 어떻게 만졌는가?
- 만질 때의 느낌을 기억해 보라(혹 편안하고, 기대고 싶고, 즐겁지 않았는가?).
- 접촉은 용서와 치유의 힘이 있다.
- 언어로 할 수 없는 감정의 표현은 피부로 말하라.

2. 접촉은 가정에서부터 시작되어야 한다.

1) 가족들의 포옹(Hug)은 마음의 상처를 치료하는 지름길이다.

"포옹은 기분을 좋게 해 주고 외로움을 없애 주며, 두려움과 불안, 긴장감을 해소시켜 주고 마음의 문을 열어 주는 포근함을 준다. 불면

증도 없애 주고, 키 큰 사람에게는 굽히기 운동을, 키 작은 사람에게는 팔을 뻗치는 운동을 하게 하여 팔과 어깨 근육운동까지도 시켜 주며, 노화방지 효과도 있다. 내적인 스트레스나 공허함 때문에 마구 먹게 되어 비만이 생기게 되나 포옹을 하게 되면 정서적 충만감이 있어서 음식을 적게 먹어도 포만감을 느끼기 때문에 다이어트 효과도 있다. 물론 미용 효과도 있다. 또 항상 휴대가 가능하므로 편리하고 경제적이며 에너지 절약 효과도 있고 환경을 파괴할 위험도 전혀 없다(케슬린 키팅)."

"포옹은 혈압을 급상승시키고 긴장감을 불러일으키는 분노의 감정도 맥 못 추게 만드는 효력이 있으며, 고독과 외로움을 달래 줄 수 있는 유일한 수단이며 탁월한 정신 치료제이다."

"배우자나 가족들과 관계를 지속하고 싶으면 주저 말고 부드럽게 껴안아라. 포옹은 상대방과 가장 밀접하게 관련을 맺고 있다는 하나의 증거이다."

* 포옹의 종류
① 곰 포옹
② 뺨 포옹
③ 어깨동무 포옹
④ 허리 포옹
⑤ 샌드위치 포옹

⑥ 바디(Body) 포옹

⑦ 가슴 포옹

⑧ 집단(Group) 포옹

"우리 집 사람(아이)은 안아 주는 것을 별로 좋아하지 않아요."

"안아 주고 싶어도 안아 줄 시간이 없어요."

"우리 아이가 다 커서 안아 주는 것이 왠지 어색해요."

안아 주는 것이 어색한 것이 아니라 시간과 상황이 잘 맞지 않아서이다. 가족끼리의 포옹은 가정을 따뜻한 보금자리로 만들어 준다.

2) 분위기 있는 키스를 자주 하라.

"키스는 건강에 좋다. 그리고 키스를 많이 하는 사람은 오래 산다(독일의 '디 짜이트'라는 주간지의 특집 기사)."

키스를 하게 되면 기쁨의 창출과 환각작용이 있는데, 키스를 하는 순간 몸에서는 아미노산 복합 물질인 뉴러펩티드가 생긴다. 이 뉴러펩티드는 진통제 효과가 있는데 그 강도가 모르핀의 2배에 가까울 정도의 강한 효력을 지니고 있다. 또 이 뉴러펩티드는 피 속의 백혈구(모노치텐) 활동을 활성화시켜 발병의 기회를 차단하는 중요한 역할도 하게 된다.

3) 사랑의 피부 접촉을 위한 15가지 지혜

① 사랑하는 가족들과 출근(등교)이나 퇴근(하교)시 현관에서 포옹이나 가벼운 키스로 인사하기로 약속해 보자. 하루를 위한 축복의 말이나 기도를 곁들이면 금상첨화일 것이다.

② 피부접촉의 효과를 위해서는 배우자의 상태를 미리 확인하라. 황당한 접촉은 간혹 불쾌감을 줄 수 있다.

③ 피부접촉을 하기 전에 접촉의 의사를 말로 표현하라. "나, 지금 당신을 안고 싶은데 안아도 돼?" 의미는 배가가 된다.

④ 서로 접촉을 할 때에는 접촉에 대한 정보를 서로 나누어라. "저는 당신이 내 손을 살며시 잡아줄 때가 가장 기분이 좋아요."

⑤ 피부접촉의 목적이 반드시 섹스에 있지 않다는 것을 명심하라. 사랑이 넘치는 즐거운 교제에 접촉의 목적이 있다.

⑥ 서로가 적극적이어야 한다. 그리고 공평해야 한다. "나는 싫은데 할 수 없지요, 마음대로 하세요!"라고 하지 말라.

⑦ 가끔 눈을 감고, 또는 캄캄한 방에서 배우자의 손과 얼굴, 몸을 자세히 만져 보는 시간을 가져 보라.

⑧ 아침에 모닝 키스, 출근할 때 보약 키스, 퇴근 시 격려 키스, 잠자리에서의 사랑 키스, 각기 생각과 기분을 달리해 시도하라.

⑨ 잠을 잘 때에는 가능하면 옷을 적게 입어라. 신체적, 심리적인 건강의 지름길이다. 에덴동산이 되어야 한다.

⑩ 항상 청결에 신경 쓰라. 내 몸의 주인이 내가 아니고 배우자의 것임을 알고(고전 7:3-4) 항상 깨끗하게 준비하고 있어야 한다.

⑪ 취침 전에는 팔베개를 하고 누워 있는 시간을 가지라.

⑫ 잠자리에서 일어나면 아침 포옹을 하라.

⑬ 손을 자주 잡아 주어라. 그리고 눈을 자주 마주 치라.

⑭ 항상 지속성이 있고 진실해야 한다.

⑮ 이벤트 한 가지-특별한 날, 서로의 몸을 만지는 시간을 가지라.

부부가 함께하는 마당

1. 나는 배우자와의 피부접촉이 어떤 편입니까?

(잘 되고 있는 편, 잘 되지 않는 편, 전혀 이루어지지 않는 편)

2. 나는 나의 자녀와의 피부접촉이 어떤 편입니까?

(잘 되고 있는 편, 잘 되지 않는 편, 전혀 이루어지지 않는 편)

3. '피부접촉'에 대해 새롭게 배운 것과 느낀 점을 자신의 생각과 느낌에 충실하게 적어 봅시다.

4. 사랑의 피부접촉을 위한 15가지 지혜 중에서 우리 부부가 적용할 것을 의논하여 적어 봅시다.

1)_____

2)_____

3)_____

4)_____

5)_____

"당신과 사랑하고 싶어요!"

주제 성구
고전 7:3-4; 히 13:4

제9강 워크숍을 위한 Orientation

1. 지난 주간에 있었던 삶을 나눕니다.

2. 필독서를 통한 은혜를 나눕니다(독후감 발표).

9강 - 『화성 남자 금성 여자의 침실 가꾸기』(존 그레이/친구미디어)

3. 9과 주제 구절을 함께 확인 암송합니다.

고전 7:3-4

히 13:4

4. 부부 행복 CHECK-LIST 결과 보고

그날그날 기록하는 것이 무엇보다 중요합니다.

침실이나 안방에 붙여 놓으면 잊지 않고 할 수 있습니다.

1부는 복사해서 팀 리더에게 제출하시기 바랍니다.

5. 팀을 위한 기도를 잊지 말아 주십시오.

6. 본 과정을 마칠 때까지 애칭으로 호칭합니다.

7. 자기 짝과 주중에 은혜로운 통화를 하셨습니까?

8. 일주일에 두 가정 이상과 통화했나요?

서로 돌아보아 사랑과 선행을 격려하기 위해서(히 10:24-25) 입니다.

9. 다음 과를 위한 암송 과제

엡 6:4; 시 127:3

10. 필독서를 미리 읽으시고 독후감을 제출해 주십시오.

10강 – 『내 아이의 미래를 결정짓는 가정 원칙』(정정숙/카리스)

11. 본 과정의 특징과 장점은 '적용을 통한 삶의 변화'입니다.

"성과 성욕은 하나님의 창조물이다. 남편과 아내의 성적 교제는 부부를 위해 하나님께서 계획하신 레크레이션이다(에드 휘트)."

"성은 하나님 자신의 지혜와 의도에 따라 인류의 번성과 즐거움 및 남편과 아내를 진정한 하나로 만들어 주는 사랑의 표현을 위하여 주신 것이다(제임스 A. 패터슨)."

"기독교 역사상 참으로 비극적인 현상 가운데 하나는 성과 영성이 나누어진 것이다. 이 점은 성경이 인간의 성에 관하여 커다란 축복으로 보고 있기 때문에 더욱 비극적인 현상이다(리챠드 포스터)."

"결혼 문제의 가장 큰 원인이 대화의 부족에 있다면 그 두 번째 원인은 성 문제라고 할 수 있다. 부부 사이의 불화가 침실만큼 극명하게 나타나는 곳은 없다(로렌스 J. 크랩 주니어)."

"성생활이 만족치 못하다면 다른 영역까지 악영향을 미쳐서 부부관계 중 약 90% 정도는 나빠질 것이다(잭 메이홀)."

1. 성에 대한 세 가지 철학

1) 금욕주의(Asceticism)

율법주의. 성은 악한 것. 억제되고 금기시되어야 한다는 사상. 육체의 만족을 구하는 것은 모두 악이다. 육체에 속한 것을 즐겨서는 안 된다. 관능적인 욕구와 성적 표현은 모두 악이며 영적인 가치가 없다. 성이란 순전히 종족 보존을 위한 기능일 뿐이다.

2) 성애주의(Eroticism)

무 율법주의. 성은 선한 것. 해방되고 허용되어야 한다는 사상. 도덕적 또는 영적 절대성은 없다. 육체적 행복에 가장 큰 의미를 부여하고 지고의 선은 인간 자신의 육체적 욕구를 만족시키는 데 있다.

3) 복음주의(Biblism)

성서주의. 타락한 성은 억제되어야 하나 창조된 본래의 성(결혼 안에서의 성)은 목적 그대로 선용되어야 하고 축복되어야 한다.

2. 복음적 성생활

1) 영적 차원의 성생활/ 부부는 그리스도와 교회의 연합으로 비유된다.

① 그리스도안에서의 부부는 하나(영, 혼, 육)이다(엡 5:22-33).

② 성령 안에서 부부는 이 하나 됨을 계속 지켜가야 한다(엡 4:3).

③ 성교는 부부의 연합과 하나 됨의 극치이다. 창조성을 개발하여 다양한 아이디어를 창출하라.

④ 아가페 사랑이 부부의 침실에서 나타나야 한다(고전 7:3-4).

⑤ 성생활은 천국에는 없다. 이 세상에서 누릴 수 있는 신비하고 아름다운 일이기에 더욱 소중히 해야 한다.

2) 인격적 차원의 성생활/ 인격 없는 성은 매춘이다.

① 성을 육체로서가 아니라 인격으로 접근하라.

② 인격적 대화를 나누라. 로맨틱한 대화 없는 성생활은 메마르다.

③ 비인격적 조작을 경계하라(조건, 흥정, 부정적 거절 등).

④ 부부는 모두 거부할 권리가 없다. 잘못된 거절은 성범죄의 원인을 제공하며 임포텐스(발기불능)의 95%가 정신적 요인이다.

⑤ 성은 부부의 영적 생활에 직접적인 에너지를 공급하고 있다. 성은 중요한 영성이다. 성을 통하여 부부의 영적인 성장을 도모하라.

⑥ 아내는 육체적 오르가즘보다 정서적 오르가즘을 우선한다. 아내의 마음에 사랑받고 있다는 감정을 느끼게 하라. 마음이 열려야 몸이 열린다.

⑦ 성교의 목표는 오르가즘보다 사랑의 교제에 두라.

3) 신체적 차원의 성생활

① 5관으로 성의 즐거움을 만끽하라.

② 성에 대한 비성경적 금기를 극복하라(잠 5:15).

③ 화려한 외출을 계획하라. 부부의 특별한 날(결혼기념일, 생일, 처음 만난 날 등)은 둘만의 주말여행이나 외박을 계획하라.

④ 서로 합의해서 다양한 기교를 사용하라. 성은 강한 약과 같다.

빈속에 강한 약을 집어넣을 수는 없다.

⑤ 서로의 요구를 자연스럽게 표현하라. 무엇보다 표현과 반응에 솔직하라. 솔직한 의사소통은 부부 생활에 큰 도움이 된다.

⑥ 남녀의 성 차이를 시작부터 충분히 고려하라. 특히 아내의 성감대를 잘 알아서 활용하라. 아내는 접촉하는 것을 좋아한다.

⑦ 성에 대하여 복음적 관점에서 쓴 책을 참고하라.

⑧ 규칙적이지 않으면 병든다(예, 요일을 미리 정해 두는 부부).

⑨ 반드시 오르가즘에 도달해야 한다는 강박 관념을 버리라. 분위기에 약한 아내의 심리를 충분히 활용, 연출하라.

⑩ 다른 사람의 통계나 기준에 매이지 말라. 체질적으로 새벽형과 심야형이 있고 회수에도 차이가 있다.

⑪ 효율적 성생활의 촉진을 위해 과학적, 의학적 도움을 활용하라.

⑫ 성교 전후의 위생처리와 예절에 민감하라.

⑬ 성생활을 위한 지성소를 만들라.

3. 복음적 성의 축복

1) 창조적 성생활은 인간의 인격적 가치를 성숙하게 한다.

2) 창조적 성생활은 인간에게 심리적, 육체적 안정과 안식을 제공한다.

3) 창조적 성생활은 가정을 견고케 한다.

4) 창조적 성생활은 인간을 참된 자유인이 되게 한다(성적 욕구의 포로

가 되지 않는다).

5) 창조적 성생활은 남녀의 평등과 진지한 인격적 교류를 갖게 한다.

Special! 섹스-최고의 보약

부부의 섹스는 하나님의 거룩한 뜻이요, 인간이 타락하기 전부터 주어진 하나님의 명령이다. 기도할 때 외에는 서로 다른 방을 쓰지 말라는 말씀은 기도할 때 외에는 다른 이유로 성교를 중단하지 말라는 말씀이다. 이유는 무엇인가?

섹스는 성적인 욕망을 만족시키는 것 이상의 효과를 가지고 있다. 자녀 생산과 성적 쾌감을 통한 하나 됨의 확인은 섹스의 중심적인 의미지만 섹스가 주는 부가적 보너스 중 첫 번째를 꼽으려면 바로 건강과 다이어트 효과라고 할 수 있다. 근래의 연구결과는 이것을 구체적으로 보여 주고 있다. 몇 가지를 요약하면 다음과 같다.

6) 창조적 성생활의 유익

① 면역 기능 강화:

일주일에 1-2회의 섹스는 신체의 면역 기능을 증가시킨다. 일주일에 1-2회의 섹스를 하는 사람들은 독신으로 지나는 사람보다 면역 글로불린(immunoglobulin)의 분비가 30% 증가한다. 이 물질은 감기 독감 등에 잘 걸리지 않도록 우리 몸을 방어한다.

② 운동과 다이어트:

섹스는 그 자체가 좋은 운동이다. 심폐기능을 향상시키며 체중 감량에도 도움이 된다. 혈관을 팽창하게 만들어 혈액순환을 좋게 하는 것은 물론 신진대사를 촉진해 몸 속 노폐물 제거에 큰 도움이 된다. 일반적으로 10분간 섹스를 했을 때 소모되는 열량은 90kcal. 등산(35kcal)이나 에어로빅(45kcal)보다 2-3배 열량 소모가 많으며, 테니스(71kcal)보다도 많다. 조깅(88kcal)이나 농구(90kcal)와 비슷한 정도라고 한다.

③ 장수와 노화 방지:

규칙적인 섹스는 남자들의 수명도 증가시킨다. 일주일에 두 번 이상 오르가즘을 경험하는 남자는 그렇지 않은 사람들에 비해 죽을 확률이 절반으로 줄어든다. 성생활은 뇌를 자극하여 노화와 치매, 건망증 진행 등을 억제하는 효과가 있다. 여기에는 섹스를 통해 분비가 촉진되는 엔돌핀(스트레스 완화)과 성장호르몬(체지방 줄이고 근육을 강화)의 작용이 큰 것으로 알려졌다.

④ 우울증 예방:

섹스는 혈액 중 엔돌핀(endorphin)을 증가시키고 스트레스를 감소시켜 이완감(relaxation), 만족감(contentment), 행복감(wellbeing)을 준다. 섹스를 하고 나면 사람을 이완시키는 부교감 신경이 자극되어 정신적으로 안정되고 숙면에 도움이 된다. 또 아연, 칼슘, 칼륨, 과당, 단백질 등을 함유한 정액 자체가 우울증을 완화시킨다는 보고도 있다.

⑤ 골다공증 예방:

섹스는 피부조직과 각종 장기에 산소 공급을 증가시키고 뼈와 근육을 단단하게 하고 성욕을 증진시키는 테스토스테론(testosterone)의 분비를 증가시킨다. 섹스는 남성 호르몬을 분비시켜 근육과 골격을 단련시킨다. 특히 여성들에게 섹스는 에스트로겐(estrogen)의 분비를 촉진시켜서 질 근육을 유연하게 만들고 생리불순과 생리통을 감소시키며, 골다공증을 예방하는 효과가 있다.

⑥ 순환기 질환 예방:

섹스는 순환기 질환을 예방한다. 2000년 11월 영국 브리스톨대 샤에이브라힘 박사팀은 10년 간 건강한 남성 2,400명을 조사한 결과 일주일에 적어도 3번 이상 섹스를 하면 심근경색과 뇌졸중 발생률이 절반 이하로 줄어든다고 보고했다. 어떤 사람은 섹스가 심장에 부담을 주지 않을까 걱정하기도 하지만 정상적인 부부의 성행위 시에는 계단을 올라가는 정도의 압박이 심장에 가해질 뿐이기 때문에 이로 인해 심장마비가 발생할 확률은 전체 심장마비의 1%에 불과하다고 한다.

⑦ 전립선 질환 예방:

섹스는 전립선에 쌓인 노폐물을 배출시켜 전립선 질환을 예방한다. 많은 남성들은 나이가 들면 전립선 질환으로 인해 소변보는 데 불편함을 느끼게 된다. 그러나 성생활을 계속해 온 남성은 이런 고통을 피할 수 있고, 전립선암도 예방하는 효과가 있다. 사정할 경우 고환에서 1억 마리 정도의 정자가 배출되면서 전립선 염증을 완화시킨다.

⑧ 자궁 질환 예방:

섹스는 자궁 질환을 예방한다. 섹스는 여성 호르몬을 증가시켜 질을 부드럽게 만들고 심장병을 예방한다. 여자가 정기적으로 섹스를 하면 자궁 질환이 줄어들고 자궁이 건강해지는 것으로 알려져 있다. 따라서 폐경 후 성 관계를 정기적으로 하지 않으면 질 내부 조직과 근육이 약화돼 세균감염에 취약해진다.

⑨ 미용 효과:

섹스는 다이어트와 피부 미용에도 효과적이다. 정기적으로 섹스를 하는 여성은 여성호르몬 에스트로겐 분비가 활발해져 피부가 좋아지는 것으로 알려져 있다. 실제로 스코틀랜드 로열에든버러 병원 연구팀이 3,500명을 대상으로 조사한 결과 주 3회 이상 성생활을 하는 사람은 평균 10년(남자 12년 1개월, 여자 9년 7개월) 더 젊게 평가됐다. 특히 정기적으로 섹스를 하는 여성은 에스트로겐 분비가 활발해져 피부가 고와질 뿐 아니라 체형이나 체취 등이 더욱 여성스럽게 변한다.

⑩ 통증 완화:

섹스는 전신 근육의 긴장을 풀어 휴식상태로 돌아가게 해 주는 마사지 효과가 있다. 섹스는 뇌 속에서 엔돌핀 호르몬 분비를 촉진시켜 두통, 관절통, 요통, 근육통, 생리통, 치통에 이르기까지 여러 가지 통증을 감소시키거나 없애 준다. 실제로 편두통에 걸린 사람의 절반은 성행위 중 통증이 훨씬 줄었다는 연구결과가 있다.

⑪ 정신 건강:

아름다운 성관계는 따뜻한 사랑을 주고받는다는 진한 감정을 갖게 해 준다. 사정 후의 나른함과 만족감은 정신 및 심장 건강에 좋으며, 애정 어린 접촉으로 인한 옥시토신 분비로 성생활이 개선된다. 그래서 자긍심이 높아지며, 우울증, 무기력, 의욕 저하 등을 치료하는 데에도 효과가 크다고 한다. 이런 탁월한 효과들 때문에 '섹스는 신이 내린 최상의 보약'이라는 말까지 있다. 그러나 이와 같은 혜택은 정상적인 부부 사이의 건전한 섹스를 출발점으로 한다는 사실을 명심해야 한다.

『하나되는 기쁨(최희열, 예영커뮤니케이션)』에서 부분 발췌

4. 성에 대한 기본 원리

이 세상에 결혼한 거의 모든 부부들이 성교를 하고 있음에도 남녀 간의 결합은 모두의 비밀이요 사생활의 가장 깊은 부분이다. 인간사 중에서 모두가 하고 있으면서도 모두에게 비밀인 행위는 아마 성 행위 밖에 없을 것이다.

1) 하나님께서 창조하신 성은 거룩하며 선한 것이다.

부부에게 주신 아름다운 선물이고 부부의 기쁨을 위하여 창조하신 것이다. 성관계에서 맛볼 수 있는 만족과 즐거움을 결코 금지해서는 안 된다(창 2:23-24; 신 24:5; 아 1-8장).

2) 성은 생육하고 번성하는 생식을 목적으로 창조되었으며 재생산을 위한 것이다(창 1:27-28).

3) 성은 남편과 아내를 연합시킨다.

성은 남성과 여성이 신체적으로 한 몸을 이루는 교제를 위하여 창조되었다. 신체적인 결합은 더 많은 의미, 즉 인격적이고 영적인 교제에 중요한 역할을 한다.

- 성은 단순히 생물적 욕구를 채우는 수단이 아니다. 돈을 지불하고 음식을 사 먹는 형태의 성관계는 동물적 본능의 욕구충족 외에는 없다.

4) 성은 언제나 배우자에 대한 의무로 표현되고 있다(고전 7:2-5).

성관계는 평등하며 서로 보답하는 것이다. 평등하게 자극하며 애무하며 성행위에 참가하는 것이 허락되었을 뿐 아니라 권리가 있다. 부부관계의 권리는 서로 책임을 필요로 한다.

5) 남편과 아내 모두 성적 욕구가 있다(고전 7:3).

성경은 오직 남편만 성적인 욕구가 있다고 말씀하지 않는다. 건강한 사람에게 성욕은 식욕처럼 자연스러운 것이다. 결코 죄가 아니다.

6) 배우자의 성적 욕구를 거절할 수 없다(고전 7:2-5).

상대방의 요구를 거절해서는 안 된다는 말이다. 거절은 '가장 밀도 깊은 좌절'을 안겨 주는 것이다.

7) 성은 '나를 위한 것'이기 전에 먼저 배우자를 '섬기는 것'이다.

8) 성관계는 규칙적이고 계속적이어야 한다.

9) 남편과 아내는 성을 통한 기쁨을 소유해야 한다.

하나님은 부부가 함께 성을 즐기기를 원하신다. 특히 아가서는 부부가 서로에게 쾌락을 즐기는 것을 하나님께서 원하신다는 사실을 잘 보여 주는 책이다.

"좋아요, 당신이 꼭 해야겠다면 마음대로 하세요. 그러나 빨리 끝내세요. 나는 빨리 자야 되니까요!"

"우리의 침상은 푸르구나. 그가 왼팔로 내 머리에 베개하고 오른팔로 나를 애무하는구나. 그의 입술은 달콤하기 그지없다. 그의 모든 것이 사랑스럽다(아 1:16, 2:6, 5:16)."

이 두 모습은 얼마나 큰 차이를 갖는가!

10) 기도할 틈을 얻기 위한 목적 외에는 어떤 경우라도 분방(分房)해서는 안 된다(고전 7:5).

상대방의 요구를 거절해서는 안 된다는 말씀이다.

11) 배우자가 성적인 유혹에 빠지지 않도록 보호할 필요가 있다.

12) 혼외 성관계는 죄다(잠 5:3-15; 고전 6:18).

하나님께서는 부부가 결혼 생활에서 누릴 수 있는 모든 즐거움을 누리기를 원하시고 기뻐하신다는 사실을 잊지 말라. 재생산은 성의 목적 가운데 하나일 뿐이다. 자녀 생산이 성의 유일한 목적이 아니다. 복음적인 그리스도인은 성을 건강하게 즐기는 사람들이다.

5. 성 문제 발생의 원인

모든 성생활의 문제는 부부 공동 책임이며 풀리지 않는 성 문제란 없다. 일상 태도 속에서 상대에 대한 태도가 매우 중요한 요인이 된다.

1) 일반적인 원인

① 아내의 신체에 대한 이해 부족

② 성적인 대화 부족

③ 전희(foreplay)의 부족

④ 일상생활에서의 친밀성 결여

⑤ 불신, 분노, 질시, 쓰라린 경험, 갈등, 적개심 등

⑥ 신뢰의 부족과 결혼 생활의 불안감

⑦ 창조성의 결여

2) 성적 만족을 방해하는 장애물(BURREL의 분류)

① 성이 더러운 것이라는 생각

② 성교가 고통스러운 것이라는 두려움

③ 성적인 요구나 감정을 표현하면 '밝힘증 환자'로 오해받을 것. 이는 두려움

④ 성에 대한 무지나 죄의식

⑤ 성교의 실패와 임신에 대한 두려움

⑥ 조기 사정

⑦ 치유되지 못한 과거의 기억이나 상처들

3) 성과 오르가즘(김상원 강남대 교수)

① 미국 여성의 성적 오르가즘(1940/Kinsey)

　백인 여성 – 100%, 흑인 여성 – 40%

② 한국 여성의 성적 오르가즘(최근 10년 33-55세 주부 5,000명)

　생애 통산 1회 이상 – 32%

　전혀 없음 – 62%

　오르가즘이 무언지 모름 – 6%

③ 배우자의 오르가즘 개념 이해 – 3%

　아내의 오르가즘 촉진 기법 이해자 – 8%

6. 행복한 성생활을 위한 실제적 제안

제1단계: 준비

만족스러운 성을 위해서는 준비가 필요하다. 그러나 이 준비는 침실에서 시작되는 것이 아니다.

1) 사과와 용서 – 해가 지도록 분을 품지 말라. 마음속에 좋지 않은 감정이 있다면 만족할 성은 기대하지 말라.

2) 깔끔한 옷차림 – 멋지게 옷을 입는 여직원들과 청소부 같은 옷차림의 아내를 생각해 보라. 의복에 많은 돈을 들이라는 말이 아니다. "나는 당신에게 멋지게 보이고 싶어요."가 전달되면 된다.

3) 문을 걸 것 – 가족의 프라이버시를 위한 정상적인 일임을 이해시

키라. 아내는 누구라도 방에 들어올 수 있다는 생각이 들면 성을 즐길 수 없다.

4) 옷을 벗을 것 – 부부가 벌거벗은 몸을 즐기는 것은 하나님의 본래의 뜻이다(창 2:25). 잃어버린 에덴동산의 회복이 침실에서 이루어지도록 하라.

제2단계: 전희

많은 아내들이 남편의 불충분한 전희로 말미암은 불만을 호소하고 있다. 전희란 삽입 전에 서로의 몸을 흥분시키는 것을 의미하는 데 두 사람 모두에게 만족스러운 것이 되기 위해서는 충분한 시간(10-20분) 동안의 전희를 필요로 한다(아 4:11, 7:7-9).

1) 민감한 부위 – 남편은 두말할 것 없이 성기이다. 그러나 아내는 보다 복잡하나 질보다는 클리토리스가 가장 예민한 부분이다.

2) 속도 – 남편의 몸은 아내의 몸보다 훨씬 빨리 반응한다. 아내의 준비를 위해서는 최소한 20분 이상의 전희를 필요로 한다. 남편은 사랑하는 아내를 위하여 천천히 진행해야 한다.

3) 전희의 순서 – 사람마다 약간의 차이가 있으나 대체적으로 다음과 같다(각자 발표).

상체(아 2:6) →   →   →   →

제3단계: 삽입

거의 모든 경우 남자는 쉽게 오르가즘에 도달하지만 여자는 삽입 전에 충분히 흥분되어 있지 않으면 오르가즘에 도달할 수 없다. 그래서 전희가 중요하다. 충분한 전희에 의하여 삽입 준비가 되었다고 생각되면 아내는 남편에게 알려야 한다.

제4단계: 오르가즘

세 가지의 결과가 있을 수 있다. 아내 먼저, 동시, 남편 먼저. 각 상황에 따라 부부의 만족도는 차이가 있을 수밖에 없으나 한 쪽의 불만족은 후희로 만족시킬 수도 있다.

제5단계: 후희

남자는 사정 후 갑자기 심한 피로를 느낀다. 아내를 포옹하거나 대화할 필요를 느끼지 못한다. 그냥 코를 골고 싶을 뿐이다. 그러나 아내는 다르다. 남편이 계속 안아 주기를 바란다. 남편에게서 사랑한다는 말과 소중하다는 말을 더 듣고 싶어 한다. 그렇지 않으면 마음이 상한다.

"남편이 원했던 것은 섹스뿐이었어. 나는 필요 없어."라는 생각에 저는 말없이 울곤 합니다. 그래도 남편은 잠만 잡니다."

제6단계: 위생 처리

7. 남녀의 성적인 차이

	남 자	여 자
절정기	– 14-25세	– 28-45세
충동	– 언제든지, 테스토스테론 호르몬 – 드라마 중의 막간 – 육체적인 필요에 의해서 출발 – 감정적인 필요는 후에 동반됨	– 월경주기와 관련 – 단단히 짜여진 한 올 한 올의 실 – 감정적인 필요에서 출발 – 육체적인 필요가 동반
친밀감	– 성적 친밀감 원함 – 횟수를 생각	– 정서적 친밀감 원함 – 그 방법을 생각
성적 긴장	– 중간 상태의 제로점에서 갑자기 최고점으로, 사정 후 급격히 제로점으로 하강 – 한 순간을 향한다. – 생리적 성 추구 감정은 중요하지 않다.	– 중간 상태에서 점진적으로 정상을 향하고 최고점에 도달 뒤에 서서히 하강 – 결코 제로점까지 내려가는 법이 없다. – 정서적 불안정이 최대의 적 정서적 성 추구
자극	– 시각과 후각에 의한 자극 – 여성의 외모에 끌림	– 신체적 접촉, 감미로운 말 한마디 – 남자의 인품에 끌림 – 촉각, 청각, 미각, 시각, 후각의 오감 뿐 아니라 부드러움 필요. – 그 반응 속도가 비교적 느리다.
준비	– 별 다른 준비가 필요 없음	– 감정적, 정신적 준비시간 필요
비유	– 백열전구 – 남자들은 연인이 되는 법을 꼭 배워 야 한다.	– 형광등, 전기다리미 – 육체적 즐거움보다 그것을 통하여 얻을 수 있는 친밀감(=일치감)을 훨씬 갈망

성생활을 위한 감사

주님, 저는 성이 무엇인지 알고 있습니다.
그것은 몸과 영혼이고 정열과 부드러움이며
강하게 끌어안는 것이고 부드럽게 손잡는 것입니다.
그것은 숨겨진 비밀이며 숨김없이 드러냄입니다.
그것은 신혼의 얼굴에 어린 기쁨의 눈물이며
또한 금혼식을 맞이한 이의 주름진 얼굴에 흐르는 눈물입니다.
성은 방을 가로 지르는 조용한 시선이며
베갯머리에서 부르는 사랑의 선율이고
아침 식탁의 접시 위에 담긴 장미꽃이며 한밤의 웃음입니다.
성은 삶의 일부입니다. 그것은 삶의 의미로 쌓여져 있습니다.
제가 육체적인 매력을 지니면서도 순결하고,
행복하면서도 거룩하며,
성적이면서도 영적일 수 있도록 도와주십시오.
감사합니다. 나의 구원자 되신 주님!
당신은 저로 하여금 성을 통해 사랑을 표현하게 하셨습니다.
또한 모든 것이 성과 어울리게 하시고
그리하여 남자와 여자 사이에 아름다움과 경이로움이
존재할 수 있게 하시니 감사합니다.
침상이 지어졌을 때 거기 사랑이 머물게 하셨습니다.
제 결혼의 침상을 순결하게 지킬 수 있도록 도와주십시오.
그것을 은혜와 즐거움의 제단으로 볼 수 있도록….
주님! 저를 성적인 존재로 만드셨음을 감사드립니다.
어떻게 배우자를 신뢰와 사랑으로 대해야 하는지
가르쳐 주시니 감사합니다.
제가 당신께 성에 대해 말씀 드릴 수 있게 하심을 감사합니다.
제가 자유롭게 다음과 같이 말하게 하시니 더욱 감사합니다.
"성을 인해 하나님께 감사하라!"

부부가 함께하는 마당

1. 나는 우리 부부의 성생활에 (만족. 불만족. 그저 그렇다).

2. 나는 남편(아내)**된 의무를** (잘하고 있다. 못하고 있다. 모르겠다).

　못하고 있다면 어떤 면에서 못하고 있는가?

　　1)_____

　　2)_____

3. 나는 성관계 중 느낌과 생각을 솔직하게 표현하고

　(있다. 아니다. 상황에 따라서).

**4. 성에 대한 편견이나 오해를 갖고 있었던 부분이 있었다면 어떤 것이었습
니까?**

　　1)_____

　　2)_____

3)_____

5. 오늘 성에 대해 새롭게 배운 방법은 무엇입니까?

또 그것을 부부 성생활에서 어떻게 적용하겠습니까?

1)_____

2)_____

3)_____

6. 특별히 아래의 사항들에 대해서 부부간에 의견을 나누십시오.

1) 준비

　　배우자에게 내가 원하는 것

2) 전희

　　내가 좋아하는 애무/

　　내가 싫어하는 애무/

3) 과정 중

　　배우자에게 바라는 것/

4) 후희

   성 관계가 끝난 후 나를 어떻게 해 주는 것이 가장 좋은가?

5) 성 관계에 있어 내가 가장 좋아하는 점과 가장 싫어하는 점

① _____

② _____

* 성에 대한 기독교적인 시각의 책들

『화성 남자 금성 여자의 침실 가꾸기』(존 그레이/친구미디어)

『아름다운 애정생활』(팀 라헤이/보이스사)

『사랑 그 이상의 결혼』(잭 케롤 메이홀 부부/네비게이토)

『사랑, 성 그리고 결혼』(펠리시아노/생명의말씀사)

『그리스도인 부부와 행복한 성』(허버트 마일스/크리스챤 다이제스트)

『성, 더럽혀진 하나님의 선물』(존 화이트/아가페)

제10강
성경적 자녀교육

"자녀,
건강하게
키웁시다"

주제 성구
엡 6:4; 시 127:3

제10강 워크숍 위한 Orientation

1. 지난 주간에 있었던 삶을 나눕니다.

2. 필독서를 통한 은혜를 나눕니다(독후감 발표).

10강 – 『내 아이의 미래를 결정하는 가정원칙』(정정숙/카리스)

3. 10과 주제 구절을 함께 확인 암송합니다.

엡 6:4

시 127:3

4. 부부 행복 CHECK-LIST 결과 보고

그날그날 기록하는 것이 무엇보다 중요합니다.

침실이나 안방에 붙여 놓으면 잊지 않고 할 수 있습니다.

1부는 복사해서 팀 리더에게 제출하시기 바랍니다.

5. 팀을 위한 기도를 잊지 말아 주십시오.

6. 본 과정을 마칠 때까지 애칭으로 호칭합니다.

7. 자기 짝과 주중에 은혜로운 통화를 하셨습니까?

8. 일주일에 두 가정 이상과 통화했나요?

서로 돌아보아 사랑과 선행을 격려하기 위해서(히 10:24-25) 입니다.

9. 다음 과를 위한 암송 과제

마 28:19-20; 행 1:8

10. 필독서를 미리 읽으시고 독후감을 제출해 주십시오.

11강 - 『땅에서 풀어야 하늘이 풀린다』(이희범/지가원)

11. 본 과정을 통한 간증문을 다음 모임까지 내주십시오.

(부부가 각자 제출합니다).

"보라 자식들은 여호와의 기업이요 태의 열매는 그의 상급이로다(시 127:3)."

"너희 자녀를 노엽게 하지 말고 오직 주의 교훈과 훈계로 양육하라(엡 6:4)."

가정을 가리켜서 많은 사람들이 여러 말로 정의해 왔으나 몇 가지로 분류해 본다면 이 세상에서 볼 수 있는 '작은 천국' 혹은 '최초의 교회'라고 하거나 자녀들의 교육을 위한 '최초의 학교'라고 말하기도 한다.

가정이 작은 교회라면 분명 그 교회의 목회자는 부모일 것이고 또 가정이 학교라면 그 학교의 교사도 역시 부모일 것이다. **목회자와 교사는 전문적인 교육을 받은 사람만이 감당할 수 있는 직책**이다. 그러므로 부모는 이 '부모'라는 전문직을 잘 감당해 나가기 위해서 전문적인 교육을 필요로 한다. 그렇지 않으면 결코 이 막중한 임무를 성공적으로 수행해 나갈 수 없다. 그러나 우리 주변에서 이러한 훌륭한 교사로, 목회자로 자녀를 양육해 가는 부모를 만나기가 그리 쉽지 않다.

다시 말하면 '부모 자격증'을 소유하고 자녀를 양육해 가는 부모가 많지 않다는 말이다. 훌륭한 부모가 되려면 일단 어떤 부모가 되어야 하는지에 대한 분명한 목표가 설정되어야 하고 그 목표에서 벗어나지 않는 부모가 되도록 노력해야 한다.

성경은 자녀교육에 대한 중요한 원리와 원칙을 분명하게 제시하고 있다. 자녀교육은 부모가 서로 일치된 생각과 뜻을 가지고 출발해야 한다. 자녀의 장래에 대한 멋진 삶을 생각한다면 부지런히 새로운 정보와 지식을 소유하기 위하여 노력해야 하며 자녀들의 발전을 위하여 항상 관심을 갖고 접근해야 한다.

대부분의 많은 부모들이 자녀들과 함께하는 횟수와 시간을 부모 위주로, 부모의 편리한 시간에, 부모의 생각대로 하려하고 그리고 나서는 자녀들에게 굉장한 일을 베풀어 준 것처럼 착각을 한다. 자녀를 올바르게 교육하는 것은 결코 쉬운 일이 아니다. 그리스도인 부모로서 자녀를 어떻게 키울 것인가? 하는 문제에 대하여 자신 있게 대답하는 사람은 아무도 없을 것이다.

1. 현대사회와 부모 교육

1) 현대 가정의 교육적 기능

① 가정은 어린이에게 만족을 주어 안정성의 기초를 이루도록 한다.

② 가정은 어린이의 능력을 계발시키는 장소이다.

③ 인격 승인의 욕구를 가정에서 성취해 사회로 확장해 나간다.

④ 가정에서 타인과의 관계를 익혀 나간다.

⑤ 가정을 통해 지배, 복종, 협동, 대립 등 실존 사회의 인간관계를 미리 경험하게 한다.

⑥ 가정생활을 통하여 사회에서의 교육준비를 갖춘다.

⑦ 사회생활에 필요한 습관, 예의, 태도 등을 익힌다.

2) 부모의 통제 유형과 자녀의 행동 유형(Baumrind)

① 권위적 부모

자녀의 행동에 강한 영향력을 행사하고 부모의 요구나 규율에 복종케 한다. 자녀의 의견이나 감정, 욕구를 무시한다. 부모와 자녀의 관계보다 순종이 더 중요하고 자녀들의 필요에 귀를 기울이지 않고 사랑의 지원이 미약하다.

■ 자녀의 행동 유형

갈등을 일으키고 쉽게 분노, 쉽게 염려하고 두려워함, 비사교적, 우울, 불행, 짜증, 수동적, 스트레스 미해결, 목적이 없음, 순응적, 따뜻함과 솔직성이 결여된 자녀

② 수용적 부모

자녀의 행동을 규제하거나 통제하지 않고 자녀가 원하는 대로 허락하고, 지도하기보다는 스스로 택하게 한다. 잘못되었을 때 고치도록 명령하거나 강요하기보다는 권유하는 정도이다. 스스로 잘할 것이라는 지나친 낙관. 자녀를 인격적으로 존중하고 주의를 모으며 자녀 스스로도 사랑받고 있다고 느낀다.

- ■ 자녀의 행동 유형

  책임감 결여, 고집스럽거나 권위에 대한 존중 결여된 자녀

③ 방임적 부모

자녀의 행동에 영향력을 행사하지 않고 자녀가 원하는 대로 내버려 둔다. 자녀에게는 별로 관심이 없고 자기 문제에 깊이 빠져 있다. 자녀에게 진심으로 귀를 기울이는 적이 없고 시간을 할애하지 않으며 자녀의 감정적인 욕구에도 무관심하다.

- ■ 자녀의 행동 유형

  이단이나 급진적 단체의 소속이 되기 쉬우며, 충동적 공격적, 반항적, 자립심과 자제력 낮음, 독재적이고 으스댐, 목적이 없음, 성취 지향성 낮은 자녀

④ 책임적 부모

자녀의 행동에 영향력을 많이 미치고 아이와 정한 것은 최고의 것으로 순종케 한다. 아이의 미성숙한 부분을 알고 규제하며 지도한다. 자

녀의 의견이나 감정, 욕구를 존중하고 자녀와의 시간을 많이 갖고 필요에 늘 귀를 기울인다. 잠재능력을 맘껏 계발시키는 데 노력한다.

■ 자녀의 행동 유형

활기차고 사교적, 자립적, 스트레스에 능동적 대처, 어른에게 협조적 호기심이 많고 목적 지향적, 성취 지향적 합리적인 자녀양육으로 모든 관계가 원만한 자녀.

■ 두 가계의 비교

1. 조나단 에드워드 - 신앙의 여인과 결혼하여 신앙중심의 삶을 영위. 617명의 자손을 두었다.

대학 총장 12명, 의사 60명, 성직자 100명, 장교 75명, 교수 75명, 저술가 80명, 판사 30명, 공무원 80명, 변호사 100명, 하원의원 3명, 상원의원 1명, 부통령 1명.

2. 주크 - 방탕한 여인과 결혼하여 1,292명의 후손을 두었다.

유아 사망 309명, 직업거지 310명, 불구자 440명, 매춘부 50명, 전과자 60명, 살인자 70명, 기타 53명.

---

2. 성경적 자녀교육의 원리

1) 자녀 지도의 성경적 목표

① 부모에게 순종하는 자녀(엡 6:1)

② 하나님을 경외하는 자녀(잠 1:7-8)

부모에게 순종하는 것을 통하여 배운다.

③ 사랑할 줄 아는 자녀(딛 2:4)

부모의 사랑을 통하여 참된 사랑의 의미를 배우게 한다.

④ 그리스도의 장성한 분량의 성숙한 자녀(엡 4:13)

하나님께서 허락하신 모든 재능, 은사, 가능성을 개발하여 그리스
도를 닮아 가도록 키워 가야 한다.

2) 너희 자녀를 노엽게 말라(엡 6:4).

■ 자녀를 노엽게 하는 일반적인 경우들

① 과잉보호

② 비교와 편애

③ 학대

④ 가혹한 체벌

⑤ 율법적 교육과 무 율법적 교육

⑥ 비웃기 별명 붙이기

⑦ 예언하기(선지자)

⑧ 저주하기

⑨ 부끄럽게 하기

⑩ 본이 되지 못함

⑪ 명령, 충고, 설교하기

부모는 아이에게 설교하는 내용을 먼저 실천해야 한다. 그렇지 않으

면 아이에게 말은 할 수 있어도 가르칠 수는 없다.

3) 주의 교훈과 훈계로 양육하라(엡 6:4).

(1) 주의 교훈(Training)

① "파이데이아(헬)"– 규범을 가지고 훈련한다. 골격을 가지고 훈련한다. 분명한 지침을 가지고 훈련한다. 여러분의 가정에는 규범이 있는가?(원리원칙도, 자녀양육의 철학도 없는 가정이 많다. – 규범이 없는 가정은 법이 없는 국가와 같다. 법이 없는 국가는 무질서, 혼돈 결국 망하게 된다)

반대로 규범이 너무 많아도 문제이다(하나님은 우리에게 10개의 계명만 주셨다).

"스마트폰 하면 안돼!"– 스마트폰이 없어야 한다.

"우리 1시간만 하기로 약속하자!"– 이것이 규범이다.

"스마트폰 하지 마. 너 혼나!", "너 스마트폰 하면 죽을 줄 알어!"

어떻게 혼내겠다는 것인가? – 지침이 없다.

규범은 구체적으로 가져야 한다. 자녀와 합의하에 하라.

규범을 일관성 있게 적용하라. 그렇지 않으면 자녀들이 혼란이 생긴다. 악은 악으로 선은 언제나 선으로 적용해야 한다.

② "징계(Discipline)"로 번역(딤후 2:25; 히 12:11)

③ 주의 사랑으로 자녀의 잘못 혹은 실수를 바로잡는 교정 훈련을 가리킨다.

④ 이 훈련의 기초는 성경말씀이다.

엘리 제사장/ 직업인으로서는 성공자, 부모로서는 실패자 – 무지가

아니라 무관심이 실패의 원인

(2) **주의 훈계**(Instruction)

① "누세시아(헬)"- 잘못이나 의무를 생각나게 하는 행동

② 말로 교훈하거나 격려하거나 무지를 깨우쳐 주는 것을 의미

③ 이 훈계의 기초도 역시 하나님의 말씀이다.

4) 성경을 가르치라(딤후 3:14-17).

① 어려서부터 가르치라.

흥미 있는 성경 – 어릴 때 주의 집중력 5-10분이다.

② 기회를 놓치지 말고 가르치라(신 6:4-9).

앉았을 때, 서 있을 때, 길을 갈 때.

③ 마땅히 행할 것을 가르치라(잠 22:6).

5) 가정예배

가정 행복의 열쇠이다. 하나님을 예배하는 곳은 참 평안이 있다. 주의할 것은 예배가 생동감과 활력과 감격과 기쁨이 있어야 한다는 것이다. 가정에서 살아 계신 주님과 생동감 있는 교제를 하는 사람은 교회 예배에도 기쁨과 감사가 있다.

① 가정예배를 드리지 않는 변명

– 너무 바쁘다.

– 가족이 함께 모이기가 어렵다.

- 예배드리는 법을 모르겠다.

- 필요를 느끼지 않는다.

② 효과적인 가정예배의 방법들

- 가정예배를 위한 시간 확보가 우선(일주일에 한 번이라도)

- 다양한 시도, 변화가 필요하다.

- 자녀 중심으로 드려야 한다.

- 가족 모두가 참석해야 한다.

- 예배 후 맛있는 간식 준비

- 가정의 부흥 없이는 교회의 부흥도 없다.

"내가 아무리 피곤하여도 잠자리에 들기 전에 성경을 읽지 않은 날은 한번도 없었다(맥아더 장군)."

6) 자녀교육의 기본 원리

① 자녀는 하나님이 주신 선물임을 잊지 말라(시 127).

"부모와 자녀의 관계에 대하여 손님접대라는 말을 사용하는 것 자체가 이상하게 들릴 것이다. 그러나 자녀란 우리의 소유물이 아니라 양육하고 돌봐 주어야 할 하나님의 선물이다. 이것은 기독교의 메시지의 핵심이다. 우리의 자녀는 잠시 우리 집에 들어와 머물다가 자기네 길을 가야 할 손님이다. 우리는 다만 그들을 극진히 보살펴 줄 뿐이다(헨리 나우웬)."

② 자녀를 노엽게 하지 말라(사랑과 권위, 조화와 균형을 유지하라).

훈계와 사랑은 상호 배타적인 개념이 아니라 보완적인 개념이다(히 12:6; 엡 6:4; 골 3:21).

"주께서 그 사랑하시는 자를 징계하시고 그의 받아들이시는 아들마다 채찍질하심이라."

"또 아비들아 너희 자녀를 노엽게 하지 말고 오직 주의 교훈과 훈계로 양육하라."

"아비들아 너희 자녀를 노엽게 하지 말지니 낙심할까 함이라."

③ 자녀가 건전한 자아상(self-image)을 갖도록 도와주라.

좋은 아이, 나쁜 아이가 있는 것이 아니다. 격려 받는 아이와 낙심한 아이가 있을 뿐이다. 건전한 자아상은 소속감, 자기 가치감, 능력감(실력감), 윤리감으로 이루어진다.

④ 자녀의 자율성(self-control)과 독립성을 키워 주라(칭찬과 훈계).

5-3-1원칙/ 다섯 번 지도하고 세 번 칭찬, 한 번 꾸중.

칭찬과 격려가 더 많아야 긍정적 인생관, 재도전의 용기를 갖는다.

⑤ 타인에 대한 배려심을 키워 주라(예, 엄마가 얻어먹기).

하나님 사랑, 이웃 사랑, 자기 사랑에 목표

⑥ 자녀교육에 아버지도 적극 참여하라(잠 1:8).

부모가 함께 노력하고 책임을 분담하라.

아버지의 엄격한 훈계와 어머니의 자상한 사랑이 병행되어야 한다.

⑦ 자녀교육에 자신감을 가지라.

"할아버지는 무슨 일을 하든 권위를 갖고 하셨다. 우리는 무슨 일을 하든 망설이면서 한다. 실수를 할 때에도 할아버지는 확신을 가지고 하셨다. 우리는 올바른 일을 할 때에도 의심을 갖고 한다(하임 기너트)."

⑧ 자녀는 실수할 권리가 있다(완전을 요구하지 말라).

"실수를 하면서 보낸 인생이 아무것도 하지 않고 보낸 인생보다 훨씬 더 영예로울 뿐 아니라 훨씬 더 유용하다(조지 버나드 쇼)."

예/물그릇을 쏟은 아버지와 아들

3. 자녀 지도의 방법과 인격 형성

1) 자녀의 이상적인 자기에 영향을 주는 지도 방법들

① 잘한 일에 대한 적절한 칭찬을 하고 상을 준다.

특히 과용해서는 안 된다. 성취한 정도와 행동에 알맞는 칭찬을 해야 한다.

② 잘못한 일에 대해서 적절한 책망을 하고 벌을 준다.

거슬리게 하는 행동을 중심으로 대화하라. 인성이나 성격을 비난해서는 안 된다.

"넌 왜 그렇게 못됐니!", "나쁜 아이야."보다는 "네가 지금 한 행동에 엄마는 화가 나고 실망이 된다."고 표현하라.

③ 부모 자신이 생각과 말과 행실에 본을 보여야 한다.

"야, 임마!"를 "왜, 임마!"로 받았더니 며칠 뒤 아빠가 "야, 임마!"했을 때 "왜, 임마!"로 받는 아이. 나쁜 말임을 가르친 후 아빠가 다시 실수했더니 "아빠, 그렇게 나쁜 말하면 안 돼!"라고 훈계하는 아이.

④ 실수를 통하여 스스로 깨닫고 고치도록 유도한다(마 21:30). 자녀는 실수할 자유가 있다. 그것은 하나님의 교육방법이다.

⑤ 온유한 마음으로 이해시켜 바로잡아 준다.

"이것도 몰라? 이그 돌대가리!", "아빠는 너 만할 때 절대 안 그랬단다(?)!"하지 말고 이렇게 해 보면 어떨까? "네가 정말 화가 났다면 얼마나 화가 났는지 말로 해 보렴!"

⑥ 분노한 감정이 정리된 상태에서 사랑으로 징계한다(잠 22:6, 23:13-14; 히 12:5-13).

"제발 나를 화나게 하지 마. 내가 화가 나면, 넌 날 좋아하지 않을 거야(브루스 배너)."

⑦ 주님의 사랑(고전 13장)은 인내, 온유, 투기, 자랑, 교만, 무례, (모든 것을) 믿는, 바라는, 견디는 사랑이다.

⑧ 사랑으로 훈련하라. 좋은 습관을 반복하게 하고 나쁜 습관은 고치도록 한다.

⑨ 자녀를 격려하라.

⑩ 자녀 문제를 함께 해결하라.

⑪ 자녀를 인격적으로 세워 주라.

⑫ 대화할 때는 물리적 거리를 적게 하라.

2) 자녀의 기본 욕구

① 자녀는 소속감과 안정감을 느끼고 싶은 욕구가 있다.

② 자녀는 칭찬과 인정받고 싶은 욕구가 있다.

③ 자녀는 새로운 경험을 하고 싶은 욕구가 있다.

④ 자녀는 책임을 지고 싶은 욕구가 있다.

3) 대표적으로 잘못된 자녀 교육 열 가지(시카고 경찰국)

① 어린아이 때부터 갖고 싶어 하는 것은 모두 다 주어라.

그러면 어린아이는 이 세상 모든 것이 자기의 것이 될 수 있다고 오해하면서 자랄 것이다. 이 아이의 문제는 부모에게 있음을 알아야 한다. 아이들은 무엇이 옳고 그른지 판단을 내리지 못한다. 자기 마음대로 안 되는 것도 있음을 교육해야 한다.

② 아이가 나쁜 말을 쓰면 그냥 웃어 넘겨라.

자기가 재치가 있는 줄 알고 더욱 악한 말과 생각에 깊어질 것이다. 아이의 언어에 귀를 기울이고 고운 말을 쓰도록 훈련시켜야 한다.

③ 아무런 영적인 훈련과 교육도 주지 마라.

하나님을 예배할 줄 모르는 불신자로 경건치 못한 삶을 살 것이다. 자녀를 망치는 지름길은 자녀를 그냥 방치해 두는 것이다.

④ 잘못된 품행을 책망치 말고 그냥 두어라.

남에 대한 배려나 질서의식 없이 제멋대로 행동할 것이다.

⑤ 아이가 치우지 않은 옷, 신발 등을 모두 정돈해 주어라.

자기의 책임을 다른 사람에게 미루는 사람이 될 것이다.

"아이가 3살이 될 때부터 집안의 잔일을 시키기 시작해야 한다. 이 나이의 아이들은 부모를 기쁘게 해 주고 싶어 하며 부모가 하는 일이라면 한 몫 거들고 싶어 한다. 3살짜리의 아이들은 자기 침대를 정리하고 식탁 차리는 일을 도울 수 있다. 4-5살의 아이는 자기 방을 정돈할 수 있다. 이렇게 해서 10살이 되면 매일 45분씩 집안일을 시켜야 하고, 토요일에는 두 시간씩 일을 시켜야 한다. 또 18살이 되면 가정이 어떻게 돌아가는지 알아야 한다. 세탁과 다림질을 할 줄 알아야 하고, 기본적인 식사 준비, 욕실 청소 등을 해야 한다. 이러한 훈련은 자녀가 성인이 되는 준비로 유익한 것이다. 뿐만 아니라 자녀로 하여금 부모가 가정을 유지해 나가기 위해 쏟는 노력에 대해서 감사하는 마음을 갖게 해주기도 한다(존 로즈먼드)."

⑥ TV 프로나 책, 그림 등 무엇이든 자기 마음대로 보고 읽게 하라. 그의 마음이 쓰레기통이 될 것이다. 자녀는 분별력이 없다. 그래서 그냥 놓아두면 보고 싶은 것 다 보고, 하고 싶은 것을 다 하려고 한다. TV 시청이 잘 통제되어야 한다. 폭력적이고, 선정적인 장면이 많아서 자녀들의 마음을 황폐화시킨다. 좋은 것을 볼 때 좋은 생각, 좋은 마음, 좋은 행동이 따라오기 때문이다.

⑦ 아이들 앞에서 부부나 가족들이 자주 싸워라.

훗날 가정이 깨져도 눈 하나 깜짝 안할 것이다. 부모가 자녀들 앞에서 싸우는 것보다 더 비교육적인 일은 없다. 자녀들을 망치고 싶은 부모는 그들 앞에서 열심히 싸우라. 부모는 행복한 모습을 보여 주어야 한다. 그때 우리의 자녀가 안정감 속에서 바르게 성장하는 것이다.

⑧ 달라고 하는 용돈을 듬뿍 주라.

살아가는 태도가 쉽게 타락의 길로 인도할 것이다. 요즘의 시대를 가리켜 황금만능주의 시대라 한다. 자녀 교육까지 돈으로 해결하려는 부모들이 있다. 고액 과외, 고급 옷, 고급 차, 고급 악세사리 등 모든 것이 최고급으로 공급해 준다. 소위 오렌지족이나 야타족의 양산이다.

알맞게 주고 바르게 쓰는 법을 가르쳐 주는 것이 자녀 사랑의 방법이다. 돈으로 인해 자녀가 타락의 길로 가지 않도록 각별한 주의가 필요한 세상임을 잊지 말라.

⑨ 먹고 싶은 것, 좋다고 하는 것은 다 먹이고 사 주라.

훗날 한 번의 거절이 그를 쉽게 낭패하는 사람으로 만들 것이다. 자신은 파출부 일을 하면서도 자녀는 고급 상표가 붙은 옷을 입히는 부모가 있다. 이것은 자녀를 형편없이 허약하게 기르는 교육임을 알아야 한다. 역경을 만날 때 필요한 것이 좌절감에 대한 저항력이다. 자녀는 적절하게 거절을 당하고 좌절감도 맛보아야 튼튼하게 자란다. 일반적으로 자녀가 요구하는 것 중의 25%만 들어주어도 만족함을 얻는다고 한다.

⑩ 아이가 남과 싸울 경우 언제나 아이의 편이 되어 주라.

항상 자기만이 옳다는 생각으로 어디서나 환영받지 못하는 사람이 될 것이다. 자녀를 훌륭하게 키우려는 부모들은 자녀가 잘못했을 때 그냥 지나치지 않는다.

4. 결론

1) 부모로서 자녀에게 본이 되고 있는지 살펴보라.

자녀는 우리를 생생하게 지켜보고 있다. 우리의 모습은 우리가 말로 할 수 있는 것보다 더 많은 것을 이야기해 주고 있다(윌프레드 페터슨).

"아버지가 자녀를 위하여 해 줄 수 있는 최선의 선물은 그 아이의 어머니를 사랑해 주는 것이다(찰스 쉐드)."

2) 실수 없이 살아가는 본

부모 때문에 술 배우고 노름 배운다.

식사 후에 아빠가 먼저 엄마에게 고맙다고 해 보라.

3) 실수를 극복하는 본

4) 부모와 자녀간의 의사소통에 관심을 가지라.

부모와 아이가 함께 써 보는 "가족대화 노트". 시간이 많이 필요하

지 않다. 날마다 얼굴을 대해도 정이 담긴 글을 읽는 기분은 아주 특별
하다.

5) 자녀와 함께 주님의 사랑 안에서 영적으로 계속 성장하도록 하라
(벧후 3:18).

Special! 아버지의 기도

약할 때에 자기를 돌아볼 줄 아는 여유와
두려울 때 자신을 잃지 않는 대담성을 가지고
정직한 패배에 부끄러워하지 않고 태연하며
승리에 겸손하고 온유한 자녀를 내게 주소서.

생각해야 할 때에 고집하지 말게 하시고
주를 알고 자신을 아는 것이
지식의 기초임을 아는 자녀를 내게 허락하옵소서.

원하옵나니 그를 평탄하고 안이한 길로 인도하지 마옵시고
고난과 도전에 직면하여 분투 항거할 줄 알도록 인도하여 주옵소서.

그리하여 폭풍우 속에서 용감히 싸울 줄 알고
패자에게 관용할 줄 아는 자녀를 주옵소서.

그 마음이 깨끗하고 목표가 높은 자녀,
남을 정복하려고 하기 전에 먼저 자신을 다스릴 줄 아는 자녀,
장래를 바라봄과 동시에 지난날을 잊지 않는 자녀를 내게 주옵소서.

이런 것들을 허락하신 다음 이에 더하여
내 아들에게 유머를 알게 하시고
생을 엄숙하게 살아감과 동시에 생을 즐길 줄 알게 하옵소서.

자기 자신에게 지나치게 집착하지 말게 하시고
겸허한 마음을 갖게 하셔서
참된 위대성은 소박함에 있음을 알게 하시고
참된 지혜는 열린 마음에 있으며
참된 힘은 온유함에 있음을 명심하게 하옵소서.

그리하여 나 아버지는 어느 날
내 인생을 헛되이 살지 않았노라고
고백할 수 있도록 도와주시옵소서.

- 맥아더 장군 -

*** 추천 도서

『요즘 아이들 힘드시죠』(권장희, 송인수, 정병오 공저/청우)

『너희 자녀를 위해 울라』(오인숙/규장)

『격려하는 부모 성공하는 자녀』(돈 하일랜더/목회자료사)

『멋진 아버지들의 5가지 습관』(폴 루이스/기독교문사)

『부모 혁명 스크림프리』(핼 에드워드 렁켈/양철북)

『비밀』(폴 투르니에/IVP)

CD. 건강한 부모 행복한 자녀(이희범 목사/지구촌가정훈련원)

CD. 부모역할훈련(PET)(안덕자 교수/극동방송)

부부가 함께하는 마당

◆ 먼저 생각해 봅시다.

1. 당신이 좋아했던 부모님의 좋은 점 몇 가지를 적어 봅시다.

1)_____

2)_____

3)_____

2. 당신이 싫어했던 부모님의 나쁜 점 한 가지만 적어 봅시다.

3. 당신은 당신 자녀들로부터 어떤 평가를 받고 싶은가요?

4. 나는 이제부터 이러한 부모가 될 것을 선언합니다.

1)_____

2)_____

3)_____

4)_____

5)_____

6)_____

7)_____

8)_____

9)_____

10)_____

5. 자녀의 훌륭한 신앙적, 인격적, 사회적인 교육을 위하여 우리 부부가 잘
하고 있는 것 세 가지만 적어 봅시다.

1)_____

2)_____

3)_____

6. 잘 안 되고 있는 부분 두 가지만 적어 봅시다.

1)_____

2)_____

7. 앞으로 적용하고자 하는 것을 한 가지만 적어 봅시다.

8. 자녀에게 사랑과 격려의 편지를 써 보십시오.

사랑하는 나의　　　　　에게.

자녀와의 인터뷰

1) 나는 _____을 하고 싶다.

2) 엄마들은 _____하다.

3) 내가 제일 좋아하는 음식은 _____이다.

4) 나와 제일 친한 친구는 _____이다.

5) 내가 그 친구를 좋아하는 이유는_____이다.

6) 나는 _____때 무섭다.

7) 내가 제일 좋아하는 곳은 _____이다.

8) 아빠들은 _____이다.

9) 오늘 내 기분은 _____이다.

10) 나는 _____때 화가 난다.

11) 우리 가정에 대해 제일 좋게 생각하는 것은
_____이다.

12) 내가 부모가 되면 나는 _____하겠다.

13) 내가 제일 좋아하는 장난감은 _____이다.

14) 우리 아빠는 _____이다.

15) 우리 엄마는 _____이다.

16) 내가 싫어하는 것은 _____이다.

17) 나는 사람들이 _____하지 않으면 좋겠다.

18) 내가 크면 _____하겠다.

19) 내게 어려운 일은 _____이다.

20) 나는 _____때 제일 싫다.

21) 나는 _____때 제일 기분이 좋다.

22) 나는 _____때 내가 중요한 사람인 것 같다.

23) 내가 선생님이라면 _____하겠다.

24) 나는 _____때 자랑스럽다.

25) 나를 귀찮게 하는 것은 _____이다.

26) 나는 _____을 잘 한다.

27) 이 세상에서 제일 중요한 사람은 _____이다.

28) 내가 슬플 때는 _____할 때이다.

29) 내가 기쁠 때는 _____할 때이다.

30) 내가 제일 신나는 시간은 _____할 때이다.

부부학교 수료식

"가정사역,
이래서 중요합니다!"

주제 성구
마 28:19-20; 행1:8

한신목회개발원장이었던 故 이중표 목사는 목회자 전도훈련 세미나에서 이렇게 고백했다.

"냉정하게 생각해서 가정마다 영성이 회복된다면 목사가 무슨 필요가 있겠는가? 성경의 역사를 보면 아담의 가정부터 시작하여 모두 다 가정과 관련되어 있다. 유월절의 구원사건도 가정단위로 구원을 시키셨다. 그러므로 구원의 완성은 가정의 완성이라 할 수 있다. 교회가 사람을 모아서 무엇을 할 것인가? 라고 묻는다면 나는 가정을 행복하게 해 주어야 한다고 말한다. 왜냐하면 이것이 기독교 영성의 핵심이기 때문이다"

■ 어느 목회자의 꿈

1) 10여 년 전에 재개발 지역의 한 모퉁이에 개척을 해서 오늘날까지 묵묵히 목회해 오던 한 목사님께서 최근 들어서 성장의 한계를 느끼고 드디어는 남들처럼 신도시 지역으로 교회를 옮겨야 하겠다고 결심하게 되었다. 왜냐하면 교회성장에 대한 세미나를 통해 얻는 유일한 정보는 신도시 지역 이외에는 모두가 한결같이 현상유지도 힘들다는 사실 때문이었다.

그는 미래에 대한 푸른 청사진을 그리며 교인들 몰래 매일같이 신도시라고 불리는 지역을 여기저기 돌아다니며 새로운 개척지를 물색했는데, 결국 그는 아파트 상가 아래, 위에, 지하에 개척 교회들이 떼를 지어(?) 몰려 있는 것을 보면서 누구를 위한 목회인가? 하는 본질적인 문제에 대한 회의가 들어서 그냥 돌아오고 말았다.

2) 성도들의 교회간 이동현상이 심각하다. 저쪽 교회 중직으로 있었는데 어느 날 이쪽 교회의 중직으로 가 있는 것을 볼 때가 있다. 올바른 교회관을 가진 성도들로서는 이해하기 어려운 일이 아닐 수 없다. 교회 중직이 그렇다면 일반 성도들이 오고 가는 것이야 두말할 나위조차 없지 않겠는가?

한국 교회 정보센터에 의하면 우리나라 개신교 성도들의 절대 수가 정체되어 있고 최근에는 오히려 마이너스 성장을 보이고 있다고 한다. 최근 교회를 찾는 사람들 가운데 전입 성도들이 대부분이다. 새 신자보다는 기존 신자의 수평이동이 교회에 따라 열 명 중 여덟, 아홉이 된다고 한다.

실제로 모 교회는 전도대를 조직하여 전도에 총력을 기하고 있지만 별 실효를 거두지 못하고 있는 실정이다.

1. 현대 교회 전도의 재조명

전도란 거듭난 성도가 기존성도들 외에 교회밖에 있는 자들에게 복음을 증거하여 구원받게 하고 교회로 인도하여 그리스도의 제자로 양육되게 하는 것을 목표로 한다. 이것은 교회성장에 있어 바람직한 것으로 교회의 양적, 질적 성장에 결정적인 역할을 한다.

오늘날 현대 교회들의 일반적 성장의 형태는 세 가지로 들 수 있다.

첫째는 생물학적 성장(biological growth)**이다.**

이것은 자연발생적 성장 요인으로 기성교인의 가족들의 인구가 증가되면서 성장되는 것이다. 피터 와그너(Peter Wagner)에 의하면 교회의 성장률(AAGR)이 2.3% 미만이면 생물학적 최소 성장에 못 미치는 것으로 사실상 감소로 보는 것이 옳다고 지적한다.

둘째는 이동 성장(movement growth)**이다.**

이것은 A 교회에 다니던 사람이 교회를 옮겨 B 교회가 성장하는 것을 의미하는데 넓은 의미에서 전체 교회의 성장은 없는 것이다. 오늘날 한국 교회 중 성장하는 교회들 대부분이 이동성장에 의한 것이라는 점에 우려의 목소리가 높다. 특별히 최근의 교회 성장 모델로 각광받는 신도시 지역이나 재개발 지역의 성장은 이동 성장에 의존하는 비율이 거의 전부라 해도 과언이 아닌 실정이다.

셋째로 회심 성장(penitence growth)**이다.**

이것은 불신자가 예수를 주로 영접하여 교회에 가입함으로 이루어지는 성장인데 하나님의 교회가 성장된다는 관점에서 볼 때 참된 교회 성장이라고 볼 수 있다. 한국 교회의 성장을 역사적으로 살펴보면 개신교를 받아들인지 60년이 지난 1945년 해방 당시 개신교인 숫자는 약 382,800여 명이었으나 110년이 지난 오늘날 한국 교회는 12,000,000명의 성도와 45,000여 교회의 거대한 사회적 종교적 조직체로 성장이 되었다. 1994년 말 통계청의 발표에 따르면 15세 이상 기독교인 인구가 24.1%(개신교 18.2%, 천주교 5.99%)로 24.4%를 기록한 전통 종교인 불교와 비슷한 통계를 나타내고 있다.

후안 까롤로스 오르띠즈 목사는 자신의 저서 『제자입니까』에서 "나는 교회를 코카콜라 장사하듯이 목회를 했다."하고 고백하면서 "교회의 성장과 비만은 분명히 구별해야 한다."고 주장했다. 참으로 공감이 가는 말이다. 지금 우리 한국 교회가 이러한 목회적 위기에 처해 있지는 않은지 한번쯤 진단해 보아야 할 것이다.

한국 사회가 초고속 경제 성장기를 지내오면서 불안했던 사회적 경제적 요인들은 사람들로 하여금 쉽게 기독교 신앙을 가지도록 했다. 이러한 사회적 붐을 타고 교단마다 앞 다투어 대규모 집회들을 열었고 그때 수많은 사람들이 교회로 몰려들어 왔다. 이때의 캠페인성 배가운동에 소위 성공한 교회들이 많았다.

그러나 이제의 상황은 많이 다르다. 정치, 경제, 문화, 예술, 사회적 요인들은 사람들로 하여금 안정과 번영을 추구하게 하고 넉넉해져 가는 살림으로 말미암아 오락, 취미생활, 사치, 향락 쪽으로 관심을 끌고 가고 있어 사람들은 예전처럼 쉽사리 교회에 따라오지 않고 있다. 그리고 무조건 교회에 출석만 시키면 신자가 되는 것처럼 착각하는 가톨릭적 교회관도 신자 개개인이 구체적으로 복음을 전하여 거듭나도록 하는 일을 소홀히 하게 하는 데 한 몫 하고 있다.

전도란 사람을 교회에 등록시키는 것으로 되는 것이 아니다. 전도란 단순히 한 사람이 한 사람을 데려오는 피상적인 사건이 아니라, 한 사람의 신자가 새 신자를 낳는 영적 재생산 운동이다.

그러므로 이 영적 재생산 운동은 '예수잔치'나 '총동원주일'과 같은 일회적이고 캠페인적인 행사로서는 실효를 거두기가 어렵다. 이러한 행사는 한계가 있고 행사 후에 교회 전체에 심각한 부작용을 가져다주기도 한다.

전도란 생명운동이다. 신자 각자가 예수의 생명으로 거듭나고 훈련되어 재생산 능력을 소유할 수 있을 때 비로소 교회는 정상적인 성장을 기대할 수 있는 것이다.

목회자가 한 영혼을 구원하는 것은 절대적인 사명이다. 그러나 목회자가 접촉하는 사람들은 대부분 교회 안의 성도들이지 세상 사람들이 아니다. 오히려 세상에 몸담고 있는 성도들이 훨씬 더 전도의 기회가 많다. 어떻게 하면 그들이 효과적으로 그리고 기쁨으로 전도할 수 있도록 할 것인지 목회자는 생각해 보아야 한다.

목회자는 전도되지 않는 원인을 파악하고 그것을 해소하기 위해 노력해야지 표면적으로 전도 열정이 부족하다고 성도들만 질책하는 것은 피해야 할 것이다. 인근 교회나 친구 교회와의 표면적 경쟁뿐만 아니라 성도 수를 기준으로 한 성장 제일주의에 빠져 성도 수의 많고 적음에 초조해 하고 다급해 하는 목회자가 되어서는 안 될 것이다.

전도하는 것과 교회의 성도 수 늘리는 것은 분명히 구별되어야 한다.

2. 왜 가정사역이 중요한가?

지금 세계는 일종의 지각변동과 같이 대규모의 혁신과 개혁이 일어나고 있다. 지극히 발달된 과학문명의 이기와 조직화된 산업사회, 물질만능주의와 개인정보통신의 발달로 말미암아 이 시대는 가족이니 집단이니 하는 공동체 개념은 점점 더 약화되고 있고 극단적 개인주의는 급속히 자리를 잡아가고 있다.

이러한 사회적 영향으로 말미암아 가정이라고 하는 가족 공동체는 뿌리 채 흔들리고 있는 실정이다. 실제로 이러한 폐쇄적이고 이기적인 삶의 방식으로 말미암아 교회는 점점 더 냉랭해지고 있으며 가정들은 계속 무너져 가고 있다.

이 시대의 교회는 최후의 사랑의 공동체가 되어 마귀가 깨뜨려 가고 있는 가정들을 치유하고 일으켜 세워서 하나님이 창조하신 가정들을 행복한 가정으로 회복해 가야 한다. 그리하여 절망하는 사람들에게 희망을 주어 예수 안에서 새로운 삶을 살 수 있도록 도와주어야 한다.

서로 이용하고 빼앗고 반목하고 질시하는 세상 속에 교회가 존재한다고 해도 교회만은 서로를 향하여 벽을 허물고 그리스도의 사랑을 나누고 세상 사람들에게 영혼의 안식을 제공해 줄 수 있어야 한다.

이러한 시대의 변화와는 관계없이 교회를 향한 하나님의 궁극적인 목적은 이 세상에 하나님의 영광을 드러내고 구세주이신 예수 그리스도의 복음을 전파하는 것이다. 뿐만 아니라 교회에 속한 모든 가정의 존재목적 역시 작은 교회로서 교회에 대한 목적과 다를 바가 없다.

한 가정이 지역사회에서 산 증인의 역할을 감당하려면, 아내는 주께 하듯이 남편에게 복종하고, 남편은 그리스도께서 교회를 사랑하셨듯이 아내를 사랑하며, 자녀들은 부모를 공경할 뿐 아니라 주안에서 순종하고, 아버지는 자녀를 괴롭게 하거나 실망시키지 않고 주의 교양과 훈계로 양육하는 가정이 되어야 한다. 이런 가정이 될 때 그리스도인 가족 모두는 하나 되는 일체감을 맛보며 나아가 이웃에게 사랑의 모습을 보임으로써 복음의 메시지를 자연스럽게 전할 수 있게 되는 것이다.

3. 가정사역과 전도

전도는 모든 그리스도인들이 해야 할 일이다. 이 일을 의무나 은사로 이해되어서는 안 된다. 전도가 의무가 되면 힘이 들고 억지로가 된다. 또한 은사라고 하면 '나는 전도에 은사가 없다.'는 무리가 등장할 수 있다. 전도는 말 그대로 道(도)를 傳(전)하는 것이다. 우리가 가진 道는 사랑이다. 사랑을 전하는 것이 傳道(전도)인 것이다.

마태복음 28장 19-20절에서 예수님은 제자들에게 하신 지상명령은 그리스도의 이름으로 모이는 모든 기독교 공동체 속에 주신 주님의 피할 수 없는 명령이다. 결코 차선에 놓을 수 없는 최선의 사명이다.

가정사역 역시 행복한 부부, 행복한 가정 그 자체가 목표가 아니라 하나님 나라 확장이라는 더 크고 중요한 목적을 위한 수단으로서 필요한 것이다. 예수님도 가정 자체에 목적을 두지 않고 하나님 나라 확장을 위한 수단으로 보셨다.

"아버지나 어머니를 나보다 더 사랑하는 자는 내게 합당하지 아니하고 아들이나 딸을 나보다 더 사랑하는 자도 내게 합당하지 아니하며(마 10:37)."

"이르시되 내가 진실로 너희에게 이르노니 하나님의 나라를 위하여 집이나 아내나 형제나 부모나 자녀를 버린 자는 현세에 여러 배를 받고 내세에 영생을 받지 못할 자가 없느니라(눅 18:29-30)."

필자는 가정사역의 목적을 "가족 간 깊은 신뢰와 이해, 사랑의 교제를 회복하여 본래 가정을 창조하신 하나님의 뜻대로 행복한 가정을 이루고 더 나아가 지역 교회를 힘 있게 하며 이러한 행복한 가정들을 통하여 그리스도의 사랑의 복음이 세상에 넓게 증거 되게 하는 것"이라고 정의하고 있다.

1) 가정사역 전도의 3단계

(1) 우선 "가서(Go)"이다.

이 "가라"는 개념은 장소적 개념도 있지만 더 중요한 것은 "구원이 필요한 죄인들이 살고 있는 곳으로 가라."는 의미가 더 깊다고 본다. 구원받지 못한 사람들이 사는 곳에서 우리도 같이 살면서 그들을 변화시켜 주님의 제자를 만들라는 말씀이다.

가정사역은 그래서 사람들이 살고 있는 가정의 현장에서 이루어져야 하고, 그들에게 우리가 예수의 제자 됨을 삶으로 보여 주어야 한다. 그때에 비로소 불신자들은 자신을 열고, 가정을 열어 진심으로 주 앞에 자신의 모든 것을 내놓고 결신할 수 있게 된다.

가정사역에서 이루어지는 전도는 관계중심 전도이다. 서로의 관계 속에서 자연스럽고 구체적으로 그리스도의 사랑이 나누어지고 살아 계신 하나님을 경험하게 되며 예수 안에서 부부들의 아름답게 변화된 모습을 보게 될 때 주위에 사람들이 하나둘씩 관심을 갖게 되고, 자연스럽게 가정사역 훈련에 참여하고 싶어 한다. 우리의 삶을 타고 복음의 능력이 전달되는 순간인 것이다.

전도의 방법이 여러 가지이지만 제일 중요한 것은 삶의 본이다. 그 속에 복음의 능력이 있다. 개인전도는 언제나 준비하고 있어야 하지만 가정사역을 통한 전도는 불신자 부부들이 다른 훈련생 부부들과 계속적인 관계를 갖는 가운데 성령께서 그 마음을 녹이시고 자발적으로 복음 앞에 결단하도록 이끄는 스타일의 전도이다.

(2) 제자를 삼아

"부부학교" 워크숍 프로그램은 여러 부부가 함께 합심하여 서로 깊이 사랑하는 일을 자연스럽게 몸에 배도록 해 준다. 회사의 세일즈맨처럼 상품을 소개하듯 전하거나 달달 외운 전도문을 가지고 벽돌 찍어 내듯이 불신자를 다루면, 설사 당시의 분위기상 결신했다 하더라도 나중에 가짜가 수두룩하게 나오게 된다. 성령께서 역사하시도록 분위기를 조성하는 것도 중요하지만 팀 공동체가 한 부부를 위해 기도하고 사랑을 베풀면서 복음을 전도하는 것이 무엇보다 중요하다.

삶의 현장에서 함께 경험하는 가운데 불신자가 복음을 듣고, 깨닫고, 경험하게 되어 구체적으로 회개하고 예수님을 구주와 주님으로 모실 수 있도록 전체 멤버들이 돕게 된다. 뿐만 아니라 "내가 너희에게 분부한 모든 것을 가르쳐 지키게 하라"는 말씀처럼 가르치는 것이 아니고 가르쳐 지키게 하는 구체적인 사역이 이루어지기 때문에 '주여 주여만 하는 행함 없는 가짜 교인'들이 아니라 구체적으로 구원의 확신을 갖고 주님께 헌신할 수 있는 그리스도의 제자로 만들 수 있다.

교회는 학원이 아니지 않는가? 가르쳐 지키게 하는 그리스도의 가족 공동체로서 존재하는 것이 교회이다.

가정사역은 책임지는 사랑의 관계가 아니면 안 된다. 어느 정도 거리를 둔 적당한 관계의 '교회 속의 신사, 숙녀 여러분' 사이의 관계에서는 예수님의 인격과 사역을 그대로 본받기는 어렵다. 숨어 있을 곳이 없는 유기적인 관계성 속에서 같은 운명이 될 때에만 비로소 가르쳐 지키게 할 수 있는 것이다.

본래 하나님을 떠난 인간들은 '각기 제 길을 고집하는' 자기중심적인 죄인들이기에 형편 무인지경인 사람들이 많다. 제멋대로 쌓아온 가치기준을 비롯해서 습관, 전통, 고집, 성격. 예수님의 인격에 가까이

가보려고 노력을 해 보지만 그것이 쉽지 않다. 그러기에 집단으로 모아 놓고 설교 백날해도, 성경공부, 봉사, 등등 몸에 배도록 해 보아도 인격은 쉽게 변하지 않는다.

'교회 일' 그러면 구역장, 성가대원, 주일학교 교사, 여선교회 음식 봉사, 이런 것이 연상되어지지 복음을 전하고, 영혼을 돌보고, 도전하고, 키우고, 책임지고, 사랑하고, 이런 것들은 교회의 봉급 받는 교역자들이나 하는 것으로 오해하고 있다. 이러한 교회는 감동을 줄 수 있는 인격과 생동감 있는 사역을 기대하기 어렵다. 현재 내 교회의 모습이 과연 주님이 기뻐하시는 '제자 삼아 가르쳐 지키게' 하는 교회인가 한 번쯤은 진단해 보자.

교회사역과 가정사역의 비교

교회	가정사역
거대조직 중심	소그룹 조직 중심
소그룹 분할이 어려움	소그룹 분할과 이동 용이
양육 중심 소그룹	전도와 양육(관계)중심 소그룹
폐쇄적 소그룹	개방적, 우호적 소그룹
소그룹 리더 교육 소극적	차세대 소그룹 리더교육 적극적

(3) 가르쳐 지키게 하라.

가정사역은 숨어 있는 교인이 없게 만든다. 자기 자신이 적나라하게 드러나서 자신의 문제를 알게 되고, 하나님이 팀 공동체를 통해 수술하시고, 싸매시고, 치료하시는 것을 경험하게 된다. 반원들의 따뜻한 보살핌과 구체적인 삶의 체크로 말씀에 적극적으로 순종하는 훈련이 되면서 점점 인격과 사역에 근본적인 변화가 일어나게 된다. 이 사역이 확장되어질 때 교회는 참으로 그리스도를 중심한 가족 공동체, 서로 돌아보아 사랑과 격려를 아끼지 않는 사랑의 공동체가 되는 것이다. 이것이 가정사역을 통해 이루시고자 하시는 주님의 뜻이라 믿는다.

4. 가정사역과 지도자

목회자는 교회의 지도자이다. 지도자란 본을 보이는 삶이 우선되어야 한다. 그동안 한국 교회는 가르치는 사역(설교, 부흥회, 사경회, 세미나 등등)에 주력해 왔다. 그리고 그러한 사역들은 교회의 양적인 성장에 상당히 기여를 했다. 그러나 이러한 양적인 성장에 비하여 질적인 성장은 기대치에 훨씬 못 미친다. 왜인가? 그것은 지도자들의 '본을 보여 지키게 하는' 사역이 너무도 미진했기 때문이다.

과거와는 달리 교인들의 지적, 영적 수준이 많이 향상되어 있음을 결코 간과해서는 안 된다. 이제는 설교자의 삶이 담겨 있지 않은 설교는 결코 성도들에게 은혜를 주지 못하고 설교로 성도들의 삶의 변화를 기대하기는 어려운 시대가 되었다.

누군가 '성도는 결코 그 교회의 목회자 수준을 넘지 못한다'고 했다. 그렇다. 목회자들의 삶의 정직한 개방 없이는 교인들을 향한 가정사역은 무의미하다(예수님은 제자들과 함께 사시면서 삶으로 그들을 훈련하셨고 바울도 너희가 나를 본받으라고 했다).

가정사역 지도자는 무엇을 하려는 사람이 되어서는 안 된다. 성도들과 삶을 함께 공유하는 사람이 되어야 한다. 실력의 문제가 아니다. 얼마나 사랑하느냐와 얼마나 책임지느냐의 문제이다. 선한 목자는 양을 위하여 목숨을 버린다. 양들과 희로애락을 함께하는 가운데 온전히 하나가 되고 사랑하고 신뢰하는 관계가 만들어진다. 그 후에야 양들이 비로소 사명감을 갖고 작은 목자의 일을 감당하게 되는 것이다.

이것이 참된 사역이다. 가정사역 지도자는 상처받고 고통 중에 무너져 가는 가정들을 도와 일으켜 세울 뿐 아니라 그들의 영혼에 관심을 갖고 함께해 주며 가르쳐 지키게 하여 또 다른 영혼들을 섬길 수 있는 그리스도의 제자들을 길러 내는 사람들이다. 나아가 교회를 교회되게 하는데 없어서는 안 될 사람들이다. 그러므로 가정사역은 교회가 선택해야 할 문제가 아니라 교회라면 반드시 가정사역이 교회 안에서 이루어져야 할 사역이다.

대부분의 평신도들은 이 전도사역에서 제외되어 있고 기껏해야 교회에 출석시키는 것으로 전도했다(?)고 자랑스럽게 생각하고 있다. 심지어 인도와 전도를 구별하지 못하고 있는 목회자들도 있다고 들었다.

오늘날 평신도들의 모습을 보면 전도와 양육은 특정한 사람들에게 맡겨 놓고 자신들은 그저 헌금이나 내고 예배나 기도회에 열심히 출석만하면 된다는 사고를 가지고 있다. 그래서 성직자와 평신도를 구분하여 놓고 서로의 영역을 침범하지 않는 것이 거룩한(?) 예의인 것처럼 생각하고 있다.

목회자들은 그때그때 닥치는 대로 문제가 생기면 심방하여 당면한 문제들을 해결하는 데 바쁜 사역들을 한다. 대부분이 예방사역이기보다는 응급처치를 요하는 사역들이다.

그리고 교회가 평신도를 훈련하여 세상에 나아가 전도자로 살게 하는 사역을 감당해야 함에도 그저 있는 사람들을 잘 다독거려 더 이상 교회를 벗어나지 않도록 하는 정도로만 만족하고 있는 듯한 인상을 주고 있다.

그중의 하나가 구역예배 제도일 것이다. 정말 의미 있고 필요한 소그룹 운동임에도 그것이 불신세계를 흡수하기 위해 존재하기보다는 교인들의 울타리 역할밖에 못하고 있는 것은 참으로 안타까운 일이 아닐 수 없다.

5. 평신도 가정사역자 양성

오늘날 평신도를 가리키는 lay라는 말이 '무식하다', '학문 분야에서 비판할 자격이 없는 자'라는 뜻으로 쓰이고 있으나 이것은 본래 성경적인 의미와는 대단히 거리가 멀다.

본래 평신도라는 lay는 말은 헬라어의 laikos에서 나와 라틴어말의 laikus가 된 말인데 이것은 성경에 자주 등장하는 laos와 같은 뜻이다. 즉 '선택된 하나님의 백성'이라는 뜻으로(벧전 2:9-10) '모든 믿는 자의 공동체', '하나님 백성의 총체'라는 말이다.

그러나 오늘날 이러한 성경적인 의도와는 달리 교회가 조직화되고 체계화되면서 성직자와 일반 신자를 구분하는 말로 쓰이게 되었다. 이 교회는 교역자의 교회도 아니고 평신도의 교회도 아닌 부름 받은 하나님의 백성 모두의 교회이다. 이 점에서 교회는 평신도의 위치와 그 역할을 무시해서는 안 된다.

빌리 행크스는 이렇게 이야기한다.

"내가 수많은 교회의 초청 강사로서 여행하며 말씀을 전하는 가운데 깨달은 것은 그것이 의식적이든 무의식적이든 우리는 우리의 가장 가치 있는 자원 '평신도'를 허비하고 있다는 것입니다."

한 가지 우려되는 것은 평신도들이 앞서 나아가려고 하면 목회자들이 발목을 붙잡아 끌어내리는 경우가 종종 있다. 교회는 목회자만의 사역지가 아니다. 은사를 따라 사역도 평신도들과 분담할 수 있어야 한다. 목회자가 교회의 사역을 성실히 감당할 때 교회와 교인을 향하여 사랑을 갖는 것처럼 평신도들도 교회 안에서 자신이 헌신할 수 있는 사역과 대상이 있을 때 비로소 섬기는 대상을 사랑하게 되고 나아가 교회 전체를 사랑할 수 있게 되는 것이다.

복음전도의 영역이 교회에서 경시되거나 소수의 사람들에게 너무 일방적으로 의존되어 있지는 않은가 생각해 보아야 한다. 성경은 모든 크리스천들이 증인이 되어야 함을 너무나 명백히 강조하고 있다.

오늘날 한국 교회가 제자훈련을 교회에 적용하면서 생겨난 오해는 제자훈련만 강조한 나머지 전도가 무시되고 있다는 것이다.

다시 말해 지도자 양성 모임만 있지 재생산을 위한 전도 프로그램이 제자훈련과 관계를 맺지 못하고 있다는 것이다(성경공부하면 으레 지도자를 양성하기 위한 그룹 정도로만 이해되고 있는 것이 우리의 실정이다).

이제는 '독주자'적인 교역자 상에서 교향악단의 '지휘자'와 같은 목회자상으로 바뀌지 않으면 안 된다. 뿐만 아니라 평신도들에게 상당량의 권한도 위임되어야 한다.

이것이 전제되지 않으면 가정사역은 어렵다. 그래서 일정기간의 훈련을 통하여 리더가 된 부부들은 목회 사역의 일부분인 상담, 심방, 위로, 격려들을 맡아서 하게 되는데 이야말로 최일선에서 뛰는 "작은 목자"들인 것이다.

수료 후 실천 항목(약 1:22, 2:26)

1. 수료 후에도 정기 모임과 특별 훈련 과정을 갖는다.

한 달에 한 번씩이라도 모여서 삶을 나누고 서로 격려하며 점검하는 것이 대단히 필요하다.

모임 내용: 변화된 삶의 내용과 사역. 특강. 간증, 훈련 등 또 정기적으로 있는 우리 훈련원의 부부 및 가족세미나(해외 및 국내 세미나)에 참석해서 재충전의 기회를 갖자.

– 해외 세미나: 매년 8월 첫 주간(4박 5일)

– 국내 1박 2일 세미나: 주말 및 연휴 중

– 국내 2박 3일 세미나: 구정연휴 및 연휴 중

행복한 부부 생활을 위한 "부부 행복 점검표(체크리스트)"를 가정 안에서 꾸준하게 부부간 체크한다. 같은 팀 부부끼리 정기적 모임에서 상호 점검해 주는 것도 필요하다.

2. 가정사역에 관한 도서들과 각종 훈련 세미나를 통하여 꾸준히 자기 성장(풍부한 지식과 경험)을 도모하자.

노하우를 쌓는 방법은 각종 부부 가정 세미나 참석, 심리 상담교육을 통한 인간의 이해, 인간관계 훈련, 소그룹 모임 및 독서와 다른 부부를 섬기며 직접 삶을 통한 경험이다.

3. 가정, 부부에 관한 기사는 무조건 스크랩한다(신문, 잡지, 여성월간지 등).

– 분류 방법: 본 교과 과정을 참고해서 나누면 된다. 여기에 추가로 상담과 내적치유 등을 따로 구분하여 스크랩할 수 있다.

4. 겸손히 그리고 열심히 배우자.

우선 초급 과정 6개월을 수료하신 여러분은 중급과정에 입문하실 수 있다. 그러나 중급과정의 입학 인원은 제한되어 있다. 중급과정에서는 전문화된 과정을 배우고 훈련받게 된다.

5. 성경적 내적치유에 대한 공부와 훈련을 계속하자.

우리 부부들은 내적치유를 통한 자유함을 경험했다. 그래서 그 가치를 알고 있고 부부야말로 서로 아픈 상처를 가장 효과적으로 치유해 줄 수 있는 대상임을 안다. 열린 마음으로 새로운 조류인 내적치유에 대해서 관심을 갖고 접근하기를 바란다.

6. '아름다운 사람, 행복한 가정, 건강한 세상'을 이 땅 위에 건설하는 것이 우리 사역의 목적이다.

우리 사역의 방향은 오직 복음으로 말미암은 하나님 나라의 확장에 있다. 복음 증거는 그리스도인과 모든 교회들에 지상 과제이다. 가정사역을 통하여 흐트러진 생활을 바로잡고 균형 잡힌 영적 그리스도인을 만들어 황폐해져 가는 이 땅위에 그리스도의 세계를 건설하는 데 그 목적이 있다.

부부가 함께하는 마당

서로 이야기해 봅시다.

1. '부부학교' 초급 과정을 마치면서 그동안 변화된 모습들을 팀원들과 함께 나눕시다(결산 간증).

이 과정 이전의 우리 부부의 상태와 배우는 과정에서 변화된 모습들 그리고 현재의 모습에서 우리 부부의 상태와 좋았던 점, 아쉬운 점 등(부부관계, 영적상태, 자녀관계, 가정 분위기 등).

2. 어떻게 하면 우리 부부의 삶을 풍성하게 누리며 가정사역을 잘 할수 있을 까요?

3. 앞으로 나와 우리 부부의 비전을 기도하는 마음으로 적어 봅시다.

"부부학교를 마치고"

간증 1) 행복을 노래합니다! (향기)

10월의 마지막 밤에 두란노부부학교에서 청송 님의 강의를 처음 들었습니다. 골덴 바지에 스웨터를 입으시고 편안한 강의를 시작하셨는데 흰머리에 예리한 눈빛으로 부부들을 집중시키는 강의는 보통 분이 아니라는 생각이 들었습니다. 아니나 다를까 창세기, 고린도전서 말씀을 조목조목 예를 들어 강의하실 때 여러 부부들은 눈을 떼지 못했습니다. 닫혀 있던 마음, 오해하고 있던 성에 대하여 마치 실타래가 술술 풀리는 듯 시원하게 하는 강의였습니다.

긴 세월 속에서 오해하고 있던 부부의 성을 이렇게 짧은 시간에 정리된 메시지로 시원하게 할 수 있다는 것이 신비롭기까지 했습니다. 그날 밤 우리 부부는 최상의 아름다운 밤을 보냈습니다. 우리 부부의 결혼기념일을 10월의 마지막 날로 하기로 정했습니다.

그 후 청송 님에 대하여 궁금했고 우이교회에서 부부 세미나를 하신다는 소식을 듣고 한 걸음에 달려갔습니다. 그리고 지가원을 알게 되었고, 지가원 리플렛에 소개된 초급반에 문의하는 전화를 걸었을 때 하하 님의 친절한 안내로 부부학교에 등록하게 되었습니다. 오래 전부터 내적치유에 관심을 갖고 있었지만 기회가 되지 않아 시작도 못했던 터라 나는 개강하는 첫 날을 얼마나 기다렸는지 모릅니다. 마치 시냇물을 찾던 사슴이 물을 만난 것처럼 얼마나 감개무량했는지 모릅니다. 하하 님이 12권의 책을 가지고 저희 교회를 방문하셨을 때와 첫 만남에서 두꺼운 교재가 고맙고 반가왔습니다. 아마도 학교 다닐 때 책과 교재가 이렇게 고마웠다면 계속 장학생이지 않았을까?

그리고 푸른초장, 맑은시내 님이 리더하시는 첫 만남이 시작되었습니다. 만남 때마다 푸짐하고 아름다운 식탁은 항상 기대와 설렘을 갖게 했습니다. 어느 여름날에는 테이블마다 꽂아 놓았던 라일락 향기는 나의 별칭을 향기로 정했을 만큼 감동적이었습니다. 사역하시느라 바쁘신 중에도 열정적으로 인도하신 푸른초장님과 정성을 다해 음식과 선물을 준비하신 맑은 시내님께 감사드립니다.

첫 만남에서 읽게 된『행복 만들기』책을 3번이나 읽으며 어린 시절의 나를 보았습니다. 직장과 친구를 가정보다 더 좋아하여 항상 부재 중인 아빠대신 친정 엄마는 어린 자녀 6명을 양육하며 고생을 많이 하셨습니다. 끼니 거르기는 한두 번이 아니었고, 그 추운 겨울 날 얼음을 깨고 냇가에서 6남매의 빨래를 하셨고 없는 살림에 한 켤레 밖에 없었던 운동화를 빨아서 학교에 등교하기 전까지 말려서 신기려고 연탄불 옆에서 지키고 계셨던 엄마! 엄마는 배고프면서도 배고프지 않은 것처럼, 손이 다 터서 갈라지면서도 아프지 않은 것처럼, 쌀이 떨어져 옆집 담 너머로 쌀을 빌리면서도 빌리지 않은 것처럼, 바람피우는 아빠를 미워했을 테지만 늘 용서하는 것처럼, 몰래 우셨던 엄마가 떠올랐습니다. 누가 가르쳐 주지 않았는데도 나는 어린 나이지만 아픔을 피부로 느끼며 외로운 날을 보냈었습니다. 그 속에서 불안에 떨고 있던 장녀인 내 모습을 보았습니다. 아직도 내 안에서 울고 있는 어린 나를 보았습니다.

언제나 부재중이었던 아빠 없는 가정의 외로움 속에서 장녀이기에 가정을 지켜야 한다는 무거운 짐에 눌려 있던 내가 아직도 지친 모습으로 나의 어깨를 누르고 있었습니다. 더 놀라운 것은 내가 외로워 울고 있을 때, 내 옆에서 나를 지켜보고 계신 예수님의 모습을 보게 되었습니다. 순간순간 마다 함께하셨던 예수님의 따뜻한 손길이 어린 나를 감싸 안고 계셨습니다. 흐르는 눈물을 주체할 수 없어 그만 목 놓아 실컷 울어 버렸습니다. 감사했습니다.

남편의 어린 시절의 상처가 궁금했고 관심을 갖게 되었습니다. 남편 안에 있는 어린 아이는 어떤 모습일까? 그동안 남편에게 들었던 어린 시절의 이야기를 생각해 보았습니다. 나는 친정 엄마를 닮아 내 감정을 참고, 누르고, 감추고 사는데 어쩌다 성도들 간의 이야기를 남편에게 털어놓으면 남편은 내 편이 되어 주는 것이 아니라 성도 편을 들어 오히려 내 상처를 아프게 한 적이 한두 번이 아니었습니다.

부부학교에 다니면서 달라진 것 중에 가장 큰 것은 이젠 남편이 내 말에 맞장구 쳐주고 함께 공감해 주는 것입니다. 어릴 적부터 부엌에는 여자만 들어가는 것이라고 교육받았기에 부엌 일과 가정살림은 거들떠보지도 않았던 남편이 지금은 설거지와 빨래 널기, 빨래 개기 등을 해 줍니다.

내가 주방에서 혼자 설거지하고 있을 때 남편과 두 아들은 TV 보며 재미있게 웃고 있으면 나는 혼자가 된 것 같은 외로움을 느낍니다. 심지어 하나님과의 관계도 멀어질까 염려되어 말씀을 암송하며, 큐티하며 의지했습니다. 남편과도 밀착관계이었지요. 부재중이었던 아빠와의 관계에 대한 두려움의 영향인 것 같습니다.

하나님, 남편, 아이들을 내가 붙잡으려 하면 할수록 더 외로워진다는 사실을 알게 되었고 독립된 나로 홀로 서야겠다는 생각이 간절히 들었습니다. 6개월 동안 격주의 만남 속에서 많은 이야기를 듣고, 함께 울고, 웃었고 팀 부부들의 문제가 내 일인 것처럼 기도 제목을 놓고 간절히 기도하였습니다. 그리고 댄스 테라피의 경험은 우리 가족과 함께 날개를 달고 훨훨 날아 그랜드캐넌을 여행하고 돌아왔습니다.

1박 2일의 내적치유는 가히 충격적이었습니다. 어린 시절의 상처가 나와 내 자녀에게 미치는 영향이 얼마나 크고 무서운지 알게 되었고 내 자녀에게 과연 무엇을 유산으로 남겨야 할지 고민하게 하는 시간이었다. 행복해야 할 사람이 행복을 찾지 못하고 죄인이기에 죄를 지을 수밖에 없는 연약한 우리들! 지금 이 순간에도 상처를 받고 상처를 주며 살아가고 있는 많은 이들을 위해 부부 행복학교 모임이 지속되어야 하며 부부가 회복되고 자녀들의 관계가 회복되어 풍성한 하나님의 은혜로 가득한 아름다운 가정, 사회, 교회가 이루어지길 기도합니다.

간증 2) 망신살이 뻗쳐도 꼭 받아야 되는 교육(푸른하늘)

안녕하십니까?

저는 신갈팀 푸른하늘이구요, 저희의 리더는 왕벌님과 여왕벌님이십니다. 지금부터 부족하나마 6개월간의 발자취를 돌아보는 시간을 갖도록 하겠습니다. 결국 태어나서 처음으로 이렇게 간증문을 쓰게 되었습니다. 초급 과정 입학식 때 남들이 하는 간증을 웃음으로 쉽게 넘겨들으면서 나는 간증은 절대 안해야겠다고 생각했었는데 다 부질없는 일이 되고 말았습니다. 사실, 저희 집사람은 2년 동안 싸움만 했다하면 부부학교 가자고 그렇게 난리를 쳤는데 선뜻 가야겠다고 생각한 것은 싸움이 갈수록 커지기만 하고 오해의 폭이 심해져 가는 상황에서 이젠 도저히 안 되겠다 싶어서 결국 부부학교의 문을 두드리게 되었습니다.

먼저, 저희 부부를 소개하겠습니다. 저희는 결혼 생활 11년차 이구요. 결혼해서 삼사일이 멀다하고 싸웠는데 그러고도 이렇게 살고 있다는 게 참 기적입니다. 은근과 끈기로 살아온 배달민족의 저력이 아니고서야 힘들지 않았겠나 생각합니다. 더구나 신앙이 있는 사람으로서 어떻게든 맞춰서 살아야지라는 의무감 속에 마음고생 참 많이 했습니다. 저는 중 2때부터 신앙생활을 해 왔고 저의 아내는 결혼해서부터 저를 통해 전도되어 지금까지 다니게 되었습니다. 저는 찬양에 달란트가 있어 가는 교회마다 늘 시간을 할애해서 찬양을 하는 자리에 서게 되었고 아내는 그럴 때마다 신랑을 빼앗아 가는 교회가 무지 미웠을 거라고 생각됩니다.

저는 아내의 성격이 내성적이고 소심한 데가 있어 사람들과 잘 어울리지 못해 애들을 많이 나아야겠다고 생각해서 셋이나 낳았는데 요즘 세상에 셋 키우기가 보통 힘이 드는 일이 아니라 지겹도록 싸웠습니다. 거기다 저는 찬양하는 자리, 배우는 자리, 찬양 사역하는 자리가 있으면 거절하지 못하고 항상 함께하다 보니 아내의 불만이 하늘을 찌르는 일은 불을 보듯 뻔한 일이었습니다. 그런 와중에 싸움은 더욱 격렬해지고 싸웠다 하면 신혼 초부터의 이야기가 또 다시 시리즈로 구성되어 나오는 싸움이 무지도 지겨웠고 결국 아내는 저에게 있어 사랑의 대상이 아닌 공포의 대상으로 전락하고 말았습니다.

이러한 저에겐 부부학교는 처음에는 "망신살이 뻗치는구나." 하는 마음에 참석하기가 버거웠으나 이렇게 끝나고 나니 "망신살이 뻗쳐도 꼭 받아야 되는 교육이다."라는 생각을 하게 되었습니다. 6개월간 참으로 많은 것들을 배우고 서로를, 또 자신을 돌아보는 귀한 시간이었다고 생각합니다. 어떤 때는 수업이 끝나고 관계가 매우 좋을 때도 있었고, 어떤 때는 가면서도 싸우고, 어떤 때는 부부학교를 가야 되는데 대판 싸워서 결국 부부학교 팀들이 우리 집으로 온다고 해서 죄송한 마음에 그냥 휴전을 한 채로 부부학교가 있는 신갈로 향한 적도 있었습니다.

남녀는 왜 이리 대화가 안 되는지? 같은 한국말을 하고 있었지만 서로 통하지 않는, 행성조차 다른 그야말로 화성인과 금성인의 대화만을 나누고 있을 뿐이었습니다. 그래도 신기한 것은 우리 리더이신 왕벌님과 여왕벌님의 지도를 통해 교육시간이 흐를수록 서로를 더 많이 이해하게 되었고 깊은 대화를 더 많이 하게 되었습니다. 리더이신 왕벌님과 여왕벌님은 늘 넉넉한 마음으로 주님의 말씀과 사랑 안에서 가르쳐 주셨습니다.

또한 청송 이희범 목사님께서 진행하셨던 내적치유 시간을 통해 저희 아내의 유년시절에 배어 있는 절실한 외로움과 아픔에 대해 추상적으로 생각했던 것들을 너무도 생생하게 보게 되면서 눈물을 참을 수 없었고, 왜 그토록 아내가 어린아이처럼 저에게 남편 이상의 아버지의 모습을 순간순간마다 요구했는지 이해가 갔고, 저희 아내는 저의 눈물을 보고 저에 대한 신뢰감을 회복하는 것을 발견했습니다.

부부로서 살면서 이렇게 하나가 되는 계기가 없었다는 것이 참으로 안타까웠지만 그나마 내적치유 시간을 통해 서로의 신뢰감이 회복되고 하나가 되었다는 느낌은 정말 그 무엇으로도 바꿀 수 없는 좋은 추억이 되었다고 생각합니다.

지금은 삶의 많은 부분에서 변화가 나타나고 있습니다. 늘 남들만 배려하다 보니 우리 부부가 자신의 권리마저도 누리지 못했던 어리석었던 모습도 많이 없어지게 되었습니다. 이젠 자신의 의지와 선택을 통해 작은 부분에 있어서도 행복한 길을 선택할 수 있는 지혜가 생겼습니다. 또한 부부가 연합하지 않고는 단순히 교회의 생활을 통해서 서로에게 덕이 되지 않음을 알고 이젠 부부가 하나가 되어서 신앙생활을 해야 하는 것도 더욱 깊이 깨닫게 되었습니다.

비록 저희 부부는 대전으로 이사를 왔고 개인적으로 여러 여건상 이제 부부학교 초급 과정에서 마치고 중급 과정은 후일로 기약을 하였지만 부부학교는 꼭 많은 것을 배우고 한 가정이 바로 서고 교회가 바로 설수 있는 또한, 전도서에 나오는 이야기처럼 '인생이 헛되나 우리가 누릴 수 있는 것이 부인과 행복하게 삶을 누릴 수 있는 가장 기본적인 복'을 깨닫게 하는 것이라 생각합니다.

오늘 수료하시는 분들 수고 많으셨고요, 축하드립니다. 또한 새로 시작하시는 분들, 정말 잘 오셨고요, 배우면서 더 싸울 수도 있을 거고, 배우기를 포기하고 싶을 때도 있을 겁니다. 하지만 조금만 인내하시면 얼마 안되어서 사막의 오아시스가 있음을 잊지 마시고 끝까지 최선을 다하셔서 수료하시기 바랍니다. 감사합니다.

간증 3) 보물을 찾았습니다!(나비)

먼저 감사를 드립니다. 이런 프로그램이 없었다면 글쎄요, 솔직히 산다는 것에 자신이 없었습니다. 아니요, 좀 더 솔직히 이혼을 계속 생각해 오던 나에게는 어쩌면 막다른 길을 선택했을 것이고 지금쯤 깊은 후회 속에서 인생의 고난과 슬픔은 안은 채, 아님 불신과 좌절 속에서 살아가고 있겠지요. 그래서 이런 작은 희망과 변화 그리고 최소한의 용기와 그리고 무엇보다도 알게 하심과 이해하게 하심에 감사를 드리고 싶습니다. 너무나도 감사합니다.

우리 가정에 일어나는 모든 힘듦과 어려운 고통의 일들은 모두 아내에게 문제가 있다고 생각한 나는 처음엔 우리 아내만 바꿔지면 도대체 이해할 수 없는 내 아내의 마음과 생각을 바꿔야 된다는 생각에 제가 먼저 부부학교를 신청하게 되었고, 아주 자신만만하게 이 과정을 시작하게 되었습니다.

그로부터 벌써 6개월의 시간이 흐르고 이제는 말할 수 있습니다. 모든 불신의 문제와 그 원인이 적어도 아내에게만 있는 것은 아니라는 것을 확실히 알게 되었습니다. 아내가 원하지 않는 행동과 표현들을 나는 남편의 이름으로 강요했고, 아내에게 남편의 권위로 일방적 순종과 억압만 강요했던 지난날의 나의 잘못된 생각들.

그리고 무엇보다 나와 다른 아내의 말과 생각을 전혀 이해해 주지 못했던 나의 부족함들, 큰 소리에, 치고 박고, 때리고 또 때리고, 그렇게 하는 것이 내 아내를 설득하는 길인 줄 알았던 지난날의 나의 잘못된 생각과 표현 그리고 잘못된 행동들이 있었음을 솔직히 알게 되었고 "틀린 게 아니라 다르다는 사실"의 명제 하나는 제 가슴 깊숙이 받아들여지는 커다란 변화와 큰 기쁨을 얻었다는 생각이 듭니다. 개인적으로 많은 대인관계에서 별다른 문제점을 못 느꼈던 저는 누구보다도 아내를 잘 이해해 주고 잘 배려해 주고 있다고 생각했었는데 아내는 많은 부분에 만족하지 못하고 있었음을 알게 되었고, 그 원인 또한 다르다보다는 틀린 것으로 밀어 붙였던 나의 잘못된 사고에서 비롯되었음을 또한 시인합니다.

우리 가정의 인생에서 6개월의 시간은 짧은 시간이었지만 10년간 살아온 아내와의 길에서 가장 커다란 희망과 솔직한 마음을 느낄 수 있었던 시간이었습니다. 헤어지는 길만이 정답인 것처럼 보였던 우리 가정이 이제는 행복과 사랑을 찾아가는 보물찾기의 탐험가가 되어 있는 우리 가정을 보면서 그 기쁨과 설렘을 어떻게 표현해야 될지, 보물을 찾은 이 벅찬 기쁨을 여러분들도 함께 느껴 보시기를 강력 추천하면서 서두에 먼저 "감사합니다."라고 썼던 이유로 저의 6개월 첫 보물찾기의 마음을 대신하고 싶습니다.

허물과 부끄러움을 내어 놓도록 인도해 주시고 기꺼이 보물지도가 되어 주신 친구/자유, 리더부부께도 감사드리며 함께 보물을 찾기 위해 한 배에 탔던 우리 팀원 모두에게도 감사와 행복을 전합니다!

간증 4) 부부학교를 하면서(달님)

어떤 말로 이 글을 시작해야 할지 모르겠습니다. 생각을 말로 한다는 것과 글로 쓴다는 것이 크게 다르진 않지만 글로 표현하는 것이 더 어려운 것 같습니다. 지가원이란 곳에 문을 두드렸을 때, 이미 나의 마음속엔 이혼이란 단어가 선명하게 새겨져 있었습니다. 결혼한 지 겨우 일 년 남짓. 그리고 예쁜 우리 아들이 태어난 지 몇 달 안 된 그때! 정말 그렇게 행복해야 하고 즐거워야 할 그때. 그래야 할 그때가 나에겐 나의 삶 중에서 가장 힘들고 어려운 시간이었습니다.

남편과의 관계가 문제였습니다. 아이가 생기면 더 잘할 것 같았던 사람이. 아이를 낳고 집으로 돌아왔을 때 남편은 내가 알던 사람이 아닌 듯 했습니다(지금 생각해도 이해가 안 될 정도로…).

모든 문제에서 부딪치기 시작했습니다. 부딪쳤다기보다는 냉담했습니다. 그런 남편의 모습에 처음에는 화를 냈었지만 시간이 흐를수록 저 또한 냉담해져 갔습니다. 하루 24시간, 아니 며칠 동안 서로 말 한 마디 하지 않고 눈조차 맞추지 않았습니다. 물론 그때 남편에겐 어려운 일(시댁 문제)이 있었지만 난 이해를 할 수 없었습니다. 시댁의 일로 정작 본인의 가정을 깨는 남편의 행동과 마음을 알 수가 없었습니다.

처음엔 아이 때문에 그냥 눈물로 참았습니다. 하지만 시간이 흐를수록 더 심해지는 남편의 모습을 그저 바라만 볼 수 없어서 부모님과 교회 목사님(남편의 삼촌)에게 상의도 했었습니다. 하지만 주변 어른들의 조언도 남편에겐 통하지 않는 듯했습니다. 오히려 더 냉담해져 갔습니다. 이런 가정을 유지한다는 건 나에게나 남편에게나 아이에게나 좋지 않을 것 같았습니다. 그래서 상상도 하지 못했던 이혼을 결심하게 되었습니다. 그때 친정어머니께서 청송 목사님을 한번 만나 상담해 볼 것을 권유해 주셨습니다. 마지막이라는 생각으로 나도 남편도 그 자리에 갔었습니다. 상담을 마칠 즈음, 목사님이 이런 과정이 있으니 한번 해 보라고 권유해 주셨습니다.

그렇게 시작된 부부학교!(실은 상담과 이 과정을 공부한다는 조건이 이혼보류 조건이었습니다.) 변화할 것이라는 확신에 찬 목사님과는 달리 반신반의하는 마음과 불안한 마음으로 시작된 부부학교였습니다. 처음 리더 가정으로 방문했을 때, 우리 남편의 표정은 아직도 잊을 수 없습니다. 무척 경직되고 리더 님의 말을 듣고 있긴 하는 건지 꼼짝도 안하고 책만 넘겨 보던 모습. 그런 모습 속에서 내 마음의 불안은 더 커져 갔습니다. 하지만 세 번째 모임에 참석했을 때 팀원들이 웃으면서 나에게 말해 주었습니다. 남편이 많이 변한 것 같다고. 정말 제 눈에도 보였습니다. 환하게 웃고 스스로 말도 하는 남편의 모습을. 그뿐 아니라 생활에서도 남편의 모습은 놀랍도록 변화되고 있었습니다. 이제 한 아이의 좋은 아빠, 한 사람의 자상한 남편이 되어 가고 있었습니다. 그렇게 변화하는 남편의 모습을 보면서 이제는 내 자신이 좀 부끄러워집니다.

처음에 '저 사람'만 변하면 된다는 생각에 가득 차 있었습니다. 누가 우리 부부를 보더라도 '내가 아닌 나의 배우자에게 문제가 있다고 말할 것이다'라고 생각했었습니다. 그런데 내적치유를 통해서 정말 놀라운 경험을 했습니다. 내적치유를 통해 남편이 자신의 가정사의 아픔을 치유 받고 편안해 지기를 원했습니다. 그럼 우리 가정이 더 평화로워질 거라고 생각했었습니다. 그런데 주님은 오히려 저에게 말씀해 주시는 것 같았습니다.

"남편이 집안문제로 힘들어 할 그때, 네가 좀 더 안아 주지. 얼마나 힘들었으면 사랑하는 아내와 너무나도 예쁜 자식에게 그랬을까? 아!"

전 그제야 알았습니다. 내가 지옥 같다고 생각했던 그때, 남편도 지옥이었다는 것을…. 어쩜 나보다 남편이 더 힘들었다는 것을…. 나에겐 환하게 웃어 주는 아이도 있었고, 기도해 주고 위로해 주는 부모님과 동생이 있었는데 남편에겐 아무도 없었구나. 너무 미안했습니다. 그때 내가 좀 더 남편을 안아 주었다면 덜 힘들었을 텐데…. 그러면서 현재 나의 모습에도 남편에게 미안함을 느낍니다. 아내라는 역할보다 엄마라는 역할에 너무 많이 치우치고 있는 것 같아서 남편에게 미안합니다.

물론 아직도 큰 소리로 싸움도 하고, 서로 화도 내고, 미워할 때도 있지만, 지금은 예전처럼 며칠 동안 말도 안하고 지내진 않습니다. "그럴 수도 있지!" 이 말을 되새기며 남편이 출근할 때 서로 웃으면서 인사하려고 합니다.

앞으로도 많은 산을 넘어야겠지요. 어떤 산을 넘다 보면 넘어질 수도 있고 포기하고 싶을 때도 있겠지요. 하지만 이젠 괜찮을 것 같습니다. 넘어져도 일으켜 줄 손이 있고 포기하고 싶을 때 용기와 위로를 주는 목소리가 있으니까요! 아자!

간증 5) 부부학교 간증문(해님)

"지금까지 지내온 것 주의 크신 은혜라 한이 없는 주의 사랑 어찌 이루 말하랴 자나깨나 주의 손이 항상 살펴 주시고 모든 일을 주 안에서 형통하게 하시네"

아름답고 은혜로운 수많은 찬송가 중에서 지금 이 가사처럼 제 마음을 잘 표현할 수 있는 것이 또 있을까 하는 생각이 듭니다. 어느덧 시간이 이렇게 흘렀습니다. 부부학교를 시작할 때를 돌이켜 보면, 참 암담하고 괴로운 시간이었습니다. 결혼과 함께 시작된 장밋빛 사랑과 희망의 꽃은 시들어지고 꽃잎이 떨어져서 죽을 지도 모를 지경이었으니 말입니다.

왜 우리의 모습이 이렇게 변하게 된 것인지, 왜 우리의 가정이 이렇게 불행하게 된 것인지, 그때는 이해할 수 없었고, 진지하게 생각할 수도 없었습니다. 시간이 갈수록 저희 부부는 서로에게 상처만을 남겨 주었고 저희 가정은 시들어 버리고 말라 버린 꽃처럼 생기를 잃고 하나님의 말씀을 잃어버리게 되었습니다. 그때의 하루하루의 삶은 고통스럽고 불행한 날들의 연속이었습니다.

제 마음은 점점 더 강퍅해지고 이기적인 생각들과 우울한 기분이 계속되었습니다. 더 나아가서는 제 속의 추하고 악한 본성을 드러내게 되었습니다. 사소한 말다툼에도 이성을 잃고 화를 내며 물건을 집어던지는 등의 폭력을 행사하게 되었습니다. 제 스스로도 놀라고 고통스러웠습니다. 어찌 내가 이렇게 추하고 악한 모습을 나타낸단 말인가? 내가 그토록 싫어하고 두려워했던 어느 누군가의 모습들을 내가 이렇게 똑같이 재현하고 있다는 것이 싫고 두려웠으며, 제 자신에 대한 용서할 수 없는 화가 몰려 왔습니다.

그렇게 시간이 더 흘렀다면 제가 더 어떻게 추하게 변했을지 생각해 보면 아찔한 마음입니다. 결국에 제 아내는 저를 더 이상 사랑할 수도 없으며, 더 이상 함께할 수도 없다는 선언을 하기에 이르렀고 저 또한 이러한 아내의 모습에 더욱 화를 내며, 될 대로 되라는 식의 자포자기의 상태가 되어버렸습니다. 하지만 저희 부부는 지금 여기에 이렇게 함께 있습니다. 서로를 마주보며, 웃으며, 사랑의 눈빛과 속삭임으로 오늘을 함께하고 있습니다. 더 이상 지난날의 모습은 존재하지 않습니다.

부부학교를 통한 주님의 사랑과 은총으로 저희 가정은 다시 일어서게 되었고 새 생명을 얻게 되었습니다. 제 자신 스스로도 변화되고 거듭나 새 사람이 되었다고 느끼는 바 입니다. 아직도 부족하고 더 노력해야 할 부분이 남아 있지만, 이렇게 다시 시작되고 희망이 있다는 것은 감사하고 감사한 일이라 생각됩니다.

목사님의 주례로 결혼서약을 했던 그때의 그 말씀이 다시 새롭게 제 가슴속에서 살아나기 시작했습니다. 서로 사랑하라. 아내를 내 몸과 같이 사랑하라는 이 짧은 말 속에 담긴 너무나도 크고 깊은 의미를 다시 한 번 가슴에 하나하나 되새기고 있습니다. 이 모든 변화와 깨달음에 부부학교라는 고마운 천사 청지기가 있었음을 고백합니다. 저희를 위해 수고하고 애써 주신 친구/자유리더 님께 진심으로 감사드리고 싶습니다.

다시 한 번 마음을 다져봅니다. 주의 자녀로서, 크리스천의 사명을 기억하여, 아름답고 행복한 가정을 가꾸어 나갈 것을 다짐합니다.

주의 사랑과 은총이 함께 하소서!

간증 6) 이제 소망이 보입니다!(서로)

저는 솔직한 지금 심정을 전하는 것으로 이 글을 시작할까 합니다. 부부학교를 시작하면서 참으로 갈등을 많이 하였습니다. 오십이 넘은 이 나이에 우리 부부의 모든 이야기를 여러 사람이 모인 자리에서 해야 한다는 것은 체면과 위신을 중요시하는 우리 세대의 부부로서는 참 힘겨웠습니다. 나이가 들면 모든 것이 안정되고 성숙된 삶을 살아야 한다고 믿었고, 그렇게 배웠고 정신적으로나 경제적으로나 모든 것이 안정되어 누리며, 베풀며 사는 게 당연히 될 줄 알았습니다.

그런데 이 나이에 와 보니 젊을 때보다 더 피폐하고 더 고통스럽고 분노와 고통 속에서 나의 마음과 몸은 망가지고 있었습니다. 부부간의 신뢰는 완전히 깨져 버려 서로가 서로를 원망하며 대화의 문은 완전히 닫혀 서로간의 마음의 문을 완전히 잠가 버렸습니다. 10여 년을 대화라고는 해 본 적이 없었습니다. 남편은 모르겠지만 저는 그랬습니다. 대화라고 시작하면 항상 싸움이어서 아이들에게 너무 부끄러워 언젠가부터 얼굴조차도 쳐다보지 않았고 어떤 말도 하지 않았습니다. 그러니 오해는 더 오해를 낳고 분노는 쌓여만 갔습니다. 그러다 경제적인 문제마저 계속 터졌습니다. 솔직히 말하면 아이들이 대학만 가면, 성인만 되면. 그때까지만 죽을힘을 다하여 참고 또 참자며 새기고 또 새기며 살았습니다.

그러다 아들이 군에 간 첫 날 우리는 별거를 시작하였고 별거의 끝은 다시 합치는 것이 아니라 저는 이혼이라는 결론에 다다랐습니다. 이혼이라는 결심을 굳히고 있을 때 청송 님의 특강이 제가 다니는 교회에서 있어 그 강의를 듣고 여기에 왔고 지금 이 자리에 있습니다.

첫 만남의 당혹감을 고백하겠습니다. 조카보다도 젊은 부부 두 팀과 50대 초반의 부부 한 팀 그리고 젊은 리더 부부. 정말 난감했습니다. 계속 올 수 있을까? 정말 자신이 없었습니다. 그리고 부끄럽고 민망했습니다. 하지만 저는 그때 죽을 만큼 고통스러웠고 이 고통에서 벗어나려면 어떠한 시도도 해야 한다고 생각했습니다. 남편도 나의 이혼 결심을 눈치챘는지 심각함을 느껴 본인이 등록하며 해 보자고 하여 여기까지 왔습니다.

우리 팀과의 12번의 만남과 대화에서 끝도 없는 내 고통을 이야기하고 상대의 이야기를 들으면서 결혼 생활이 모두에게 힘들다는 것, 남녀의 근본적인 차이점, 결혼 생활은 끊임없이 공부하고 노력해야 한다는, 상대방에게 귀 기울여야한다는 어떻게 보면 참으로 단순하고 우리 모두 알고 있다고 생각하는 것들을 다시 깨닫고 알아가기 시작하였습니다. 이해하고 배려하려 노력하며 공부해야 한다는 것도 절실히 느꼈습니다. 모두에게 문제는 있고 그 문제를 풀려면 서로에 대해 공부해야 한다는 것을 절실히 깨달았습니다. 알아가면서 시도하지 않으면 앞으로의 남은 내 인생, 결혼 생활은 과거와 똑같다는 것 아니 더 불행하며 힘들 것이라는 것을 느끼고 알았습니다.

그러나 머리로는 이해가 되고 알겠는데 가슴이 아파 완전히 받아들이기가 힘들었습니다. 하지만 청송 님의 내적치유를 받고서 내 목을 조이던 철사가 사라지고 가슴에 늘 아렸던 것들이 많이 없어지고 망가진 몸이 회복되고 있음을 느낍니다. 지금도 신기한 것은 오랜 시간을 나의 고통을 이야기하며 힘들어 했는데 내가 어떤 이야기를 했는지 내용이 하나도 생각이 나지 않습니다.

꿈과 같은 시간이었습니다. 청송 님의 "내 물건, 내 것?", "그럴 수도 있지." 그 부분만 떠오르는데 참으로 충격, 감동이었습니다. 늘 새기며 살겠습니다. 아직은 어색하고 힘겹지만 남편을 이해하려고, 다시 대화하려고 시도하고 노력함도 고백합니다. 한 발자국씩, 한 발자국씩 다가가며 행복을 만들어가도록 노력하겠습니다.

25년의 지옥 같았던 내 결혼 생활의 지겹고 힘들었던 이야기를 끝까지 지겨운 내색하지 않고 들어준 우리 팀, 늘 맛있는 음식과 피드백으로 우리 부부를 이끌어 준 리더님 감사합니다. 훨씬 젊었지만 리더님께 많은 지혜를 배웠습니다. 사랑합니다. 잊지 않을게요. 그리고 이런 자리를 만들어 주신 청송님께 감사와 사랑을 전합니다.

마지막으로 종갓집 장손으로 생소하고 낯선 이 자리에 한 번도 빠지지 않고 같이 와 주고 방망이로 맞아 주고 변하려 노력하고 있는 남편에게 감사와 사랑을 전합니다.

간증 7) 초급을 마치며 (토기)

퇴근하고 들어온 저녁 시간, 아내가 나에게 말합니다.

아내: 여보, 지가원이란 곳에서 부부학교가 있다는데 6개월 과정이고 이번 기수는 무료래"

나: (약간 짜증나는 말투로) 어디서, 누가, 뭐하는 곳인데?

아내: 인터넷 사이트에서.

나: 야! 됐다 됐어, 밥 먹고 나중에 이야기하자!

이렇게 시작된 부부학교. 나는 아내의 포기 안하는 성격과 혼자서라도 할 것 같은 불안감에 마지못해 첫 모임에 참석했습니다. 그냥 교회에서 세미나 참석하듯이 책이나 교제를 읽고 함께 나누면 되겠지 하는 가벼운 생각으로 참석했습니다. 리더 부부의 밝은 미소(조금은 과장된 모습)로 우리를 맞이하셨고 진수성찬의 저녁 시간, 50대 중년 부부 2쌍, 우리 또래 1쌍. 그런데 이런! 가족 소개를 제대로 하지도 못했는데 중년 부인이 펑펑 우시며 그만 살고 싶다고, 지쳤다고 우신다. 충격! 이게 뭐야?

옆에 앉은 남편의 얼굴은 붉으락푸르락 금방이라도 밖으로 나가 버릴 것 같은 긴장된 분위기였습니다. 리더의 피드백으로 간신히 첫 모임 끝. 휴~.

두 번째 모임. 또 다른 부인의 폭탄과 같은 발언, 남편을 쥐 잡듯이 잡는 모습을 본 순간 이거 참 갈수록 태산이네.

리더의 피드백: 이렇게 떠벌려야 빨리 치유될 수 있다고 한다. 나 원 참.

머리가 어질어질 돌아오는 길에 아내에게 "오늘은 꼭 연극하는 것 같지 않냐? 어휴 피곤해."

세 번째 모임. 아내 없이 혼자 오는 남편. 또 다른 폭탄을 보는 듯 정말 앉아 있는 것이 힘들고 시계만 쳐다보고 있었습니다. 이런 과정이 정말 효과가 있을까? 우리 부부는 큰 문제점이 없이 살았다고 생각했기 때문에 그들을 강 건너 불구경 하듯이 바라보았고, 그들의 목소리는 전혀 나에게 들리지 않았습니다. 그러던 어느 날부터, 그분의 아픔과 슬픔이 나의 가슴속 깊이 들어오기 시작했습니다. 직장에서도 생각하게 되고 집에 와서는 아내인 소망과 부부학교에서 있었던 일들을 이야기 하게 되었습니다. 이런 일의 중심에는 체크리스트를 하면서 우리 부부가 얼마나 서로에게 무관심하게 지냈는지 생각하게 되었고 책을 통해서 알게 모르게 말로 서로 상처를 주고 있었다는 것을 알게 되었습니다.

각자의 어린 시절 이야기 나누는 시간은 예전에 몰랐던 상대방의 모습을 이해하는 시간이었고, 안아 주고 터치할 때마다 더 친밀해져갔습니다. 달라지기 시작한 것이지요. 이런 시간 이후 나는 부부학교 모임 안으로 깊이 빨려들 듯 들어가게 되었고, 다른 부부들의 모습이 내 안에도 있다는 것을 알게 되었습니다. 그리고 그분들의 아픔이 느껴지기 시작했습니다. 이제는 새벽까지 나누는 시간이 힘들거나 두렵지 않습니다. 왜냐하면 이런 시간들이 지나간 아픔을 회복하고 남은 시간을 더 행복하게 만들어 줄 것이라는 확신이 생겼기 때문입니다.

참, 참, 참!!! 청송님의 성에 관련된 말씀은 크리스천으로서 폐쇄적이고, 엄숙하고, 경건한 성에서 하나님께서 허락하신 부부들에게만 주어진 특권이라는 새로운 성에 대한 의식을 갖게 되었으며, 잘 누릴 때 더 행복해 진다는 사실을 알게 되었습니다.

내적치유 시간은 수십 년간 응어리졌던 상처들이 밖으로 나오고 함께 아파하고 함께 울 수 있는 행복한 시간이었습니다. 사물을 보는 관점도 하나님 중심으로 바뀌게 되었고 나 자신의 남을 의식하는 태도. 최선을 다하지 못한 나의 삶을 돌아보는 귀중한 시간이었습니다. 6개월의 짧은 시간 함께해 주신 우리/서로님, 베토벤/지혜 님, 다윗/솔로몬 님 그리고 맛있는 음식을 매번 대접해 주신 리더 누룩/겨자씨 님께 그리고 청송/백설 님께 감사드립니다.

끝으로 부부학교를 마치며 나를, 내 스스로가 변화하려고 노력하지 않으면 그 어떤 이의 도움도 소용이 없다는 것과 6개월의 짧은 과정에 모든 문제가 해결되거나 변화될 거라는 생각은 욕심이라고 생각합니다. 그저 매일매일 알게 된 것을 실천을 통해 조금씩 변하는 나의 모습이 가정을 살리고 그 변화된 모습이 다른 가정에게도 영향을 끼쳐 모두 행복한 가정을 이루는 그날이 속히 오기를 기도드립니다. 6개월의 부부학교 참여는 한마디로 '하나님의 은혜'였습니다.

간증 8) 안 행복하냐? (옹달샘)

6개월의 시간이 어느 때보다 참 빠르게 느껴집니다.

아내가 부부학교에 다니자고 처음 말을 꺼냈을 때 저는 아내에게 버럭 화를 내며 되물었습니다. "안 행복하냐? 우리가 뭐가 부족해서 할 것도 많은데 6개월씩이나 부부학교인지 뭔지를 다니냐? 부부학교는 안 행복한 부부들만 다녀야지 우리까지 다녀야 한다면 그 교육은 대한민국 모든 부부들이 의무적으로 받아야 하는 교육이냐?"

하지만 저의 속내는 복잡하고 당황스럽기만 했습니다. 사는 동안 경제적인 어려움 한 번 겪어 보지 않았고, 가정에 특별한 문제가 있었던 것도 아니었으며, 많이 싸웠어도 전 그것을 사랑싸움이라 생각했고 더 행복하고 잘살아보자고 하는 것이었기에 싸우면서도 때론 애교 섞인 말로 "우리 사랑 안에서 싸우자."고 말할 수 있었는 데 말입니다.

한동안 멍한 날들을 보내고 있는 중에도 아내는 내 심정은 아랑곳하지 않고 "못살겠다. 양자택일하라."는 식으로 선택을 강요해 왔습니다. 때마침 회사 내 인사공모를 통해 개성공단 안전요원을 뽑고 있을 때여서 아내에게 제안을 했습니다. 인사공모에 지원한터라 만약 개성공단을 갈수 없게 되면 하겠다고. 그런데 정일이 행님도, 회사도 안 도와주데요. 그래서 딱 걸려 버렸습니다. 첨엔 한숨만 나왔고 6개월이라는 시간을 어떻게 버티나 고민했습니다. 좋아하는 테니스를 못 칠까봐 미리 다짐도 받았습니다. 월례대회나 시합이 있을 땐 무조건 테니스가 우선이라고….

첫 모임 때 애칭을 지어 오라셔서 무얼 할까 고민을 많이 했습니다. 하루 종일 고민하다 어린 시절 철없이 행복하게 노닐던 시냇물처럼 내 삶이 그랬으면 좋겠다싶어 마음속으로 시냇물로 결정했는데 가는 도중에 아내만을 위한 무엇이 되고 싶다는 강한 느낌을 받아서 아무도 모르는 곳, 오직 아내만이 찾을 수 있고, 오직 아내만이 마실 수 있는 깊은 산속 옹달샘이 되기로 했답니다.

전 이렇게 아내를 끔찍하게 생각해 속 깊은 뜻(?)을 담아 애칭을 지었고, 내심 아내는 "목마른 사슴이나, 산토끼" 뭐 이런 애칭을 지었으면 했는데, 아내는 에덴으로 정했답니다. 에덴동산의 그 무엇이 될 생각은 안하고선, 그런 거 하나 맞춰 주지 못하면서 사랑 못 받았다고 학교까지 다녀야하느냐고 따지듯이 큰소리를 쳤습니다.

다른 팀들보다 늦게 시작한 우리 팀이 처음 만나던 날 어떤 사람들이 왔을까? 얼마나 안 행복한 사람들일까? 어떻게 행복하게 해 준다는 것인가? 등의 궁금증과 작은 관심으로 그렇게 부부학교를 시작하게 되었습니다. 매주 주제별 책을 읽고 독후감을 쓰고 나눴으며, 성경구절 암송과 부부 행복 체크리스트 점검 그리고 교재를 통한 나눔과 배움.

첫 모임 때 솔직하게 더 많이 드러낼 때 그만큼 더 많은 치유와 은혜를 경험하게 될 거다, 링 위에서 실컷 싸우고 삶 속에서 나눔과 배움을 적용하라시던 리더 하하 님의 당부를 실천하려고, 싸움거리를 아껴 모임 때 가져가려고 애써 싸움을 참기도 했고, 은혜가 넘쳐 싸움거리가 없을 땐 지난 세월의 상처마저 링 위에 올려놓는 의욕을 보이다 보니

아물었다고 생각했던 상처가 터진 듯이 아파 눈물 짖기도 했고, 모임 횟수가 늘어갈수록 끝나는 시간은 습관처럼 늘어만 가면서 모임 후에 이삼 일은 피곤으로 인한 귀차니즘이 서로의 불만을 잠재우는 놀라운 (?) 역사가 일어나기도 했습니다.

하지만 부부 행복을 다짐한 이후로도 서로에 대한 불만과 삶의 굴레는 여전히 변함이 없었고, 모임의 중반이 넘어갈 때쯤엔 오히려 "배웠으면서도 그런 식이라면 차라리 모르는 것이 더 낫지 않은가?"라는 후회와 우리는 정말 스스로 어찌할 수 없는 구제불능이 아닌가를 생각하며 포기하려고도 했는데, 그때마다 전화와 문자로 변화의 과정이라며 격려와 응원을 아낌없이 보내 주신 리더 하하/바다 님 덕분에 다시 또 마음을 잡고 깊이 묵상하면서 좀 더 구체적으로 내려놓아야 할 것들과 인정 할 것들 그리고 할 수 있는 것들을 구분지은 후에 하나님을 의지하며 나아가겠다고 다짐하게 되었습니다. 좋으신 하나님은 저의 바람을 물리치지 않으시고 매 모임 때마다 넘치는 은혜를 주셨습니다.

돌이켜 보면 저의 삶은 너무나 일찍 돌아가신 부모님, 찢어지는 가난, 그 많던 주변인들 중에 어느 한사람 돌봐주지 않는 야속함 속에 외로움을 참으며 치열하게 살아온 인생살이였습니다. 이제는 조금 살만해졌고, 사람답게 사는 듯하지만 긴장을 늦출 수 없는 저의 마음을 아내와 아이들이 다 이해할 리 없을 터인데 어쩌면 버릇처럼 아내와 아이들까지 참 많이도 힘들게 했나봅니다.

모임이 종반을 향해 가며 횟수가 늘어갈수록 아내와 아이들에 대한 미안함과 고마움 그리고 은혜로우신 하나님께 감사하면서 더욱 진지하게 나누고 배울 수 있었답니다. 생활 속에서 습관처럼 버럭 소리를 지를 때 아내는 웃으며 "자기야! 나 전달법으로 한번 해 주면 안 될까?"라고 말을 하고, "그게 쉽게 되느냐?"면서도 아내의 주문대로 더듬거리며 부드럽고 온유한 말로 대화하려 애를 쓰는 저를 봅니다.

내적치유 때, 난 치유 받을 것이 없으니 구경만 할 거라 했는데 정작은 아내가 구경꾼이 되게 하고선 생전의 엄마보다 나이를 더 먹은 내가 이제 누구를 그리워해야 하느냐며 울던 저를 보고 아내는 자기가 엄마를 대신 해 주겠다며 날마다 젖 먹으라고 저를 쫓아다닙니다.

더 많이 안아 주려 노력하는 우리, 부부관계 전에 기도를 주문하는 아내에게 이전 같았으면 "XX, 영화찍냐?"고 짜증내서 분위기 망쳤을 테지만 요즘은 진심으로 아내를 사랑하게 해 달라고 기도를 합니다. 덕분에 아내는 이전보다 많이 평안한 모습이 되어 가고 있고, 아이들도 아빠가 많이 변했다고 좋아합니다.

저는 제가 크게 변했다 생각지도 않는데 이렇게 좋아하는 걸 보면 '제가 참 많이 부족했었구나.' 하는 생각에 가슴이 아프면서도 한편으론 얼마나 감사한지 모릅니다. 도망치듯 개성공단으로 가 버렸다면, 나만한 남편 있으면 나와 보라며 부득부득 우겨서 아내가 포기해 버렸다면, 다른 팀들보다 조금 늦게 우리 팀이 시작하지 않았다면, 오늘 이 자리에서 어떻게 감사의 간증을 할 수 있었을까요? 하나님의 넘치는 은혜와 축복이 부부학교 초급 과정을 통해서 우리 부부에게, 가정에 임하신 줄을 믿습니다.

이제 다시 시작입니다. 여러분 앞에 엄숙히 맹세코자 하는 것은 내

안의 틀 속이 아닌 있는 신체적으로, 정서적으로 다른 아내를 공감하면서 삶 속의 지극히 당연한 것을 기적으로 여기며 아내의 있는 그대로를 수용하고 헌신하며 어제도, 내일도 아닌 오늘 "지금이 행복한 사람을 만들어 주겠다!"고 다짐해 봅니다.

오늘의 저희 부부를 만들어 주신 지가원의 청송 님 그리고 가족들, 우리 팀의 리더 하하/바다 님께 깊은 감사를 드리고, 함께 울고 웃어준 로뎀나무/생명수 님, 우리 건민이와 아홉 달 뒤에 태어날 건민이의 동생에게도 동일한 은혜가 넘치는 줄 믿습니다.

간증을 마무리하면서 좋으신 하나님께 간절히 기도드립니다.

좋으신 하나님!
저의 귀를 열어 듣게 하시고, 믿음의 키도 날로 자라게 하옵소서.
날마다 어린아이와 같은 해맑은 모습으로 살게 하옵시고,
에덴동산에 사랑하는 아내만이 찾을 수 있는 작은 옹달샘 하나 만들어 주옵소서.
사랑 많으신 예수님 이름으로 간절히 기도하옵나이다.
감사합니다.

부록

—

—

부부학교 초급 과정(6개월) 안내

강좌	강좌명	필독 독후감	성구 암송
개강	개강 특강		
제1강	우리 가정 멋지게 세워 가야지요!	『서로를 이해하기 위하여』 (폴 투르니에)	시 127:1 전 9:9
제2강	가정, 하나님의 작품이에요!	『사랑 그 이상의 결혼』 (메이홀 부부)	창 2:24-25 막 10:7-9
제3강	말, 통하며 살고 싶어요!	『해가 되는 말 덕이 되는 말』 (캐롤 메이홀)	엡 4:29 히 4:12
제4강	당신을 정말 알고 싶어요!	『화성에서 온 남자 금성에서 온 여자』(존 그레이)	벧전 3:7 골 3:18
제5강	갈등하고 싶지 않아요!	『우리 부부 어디서 잘못된 걸까 1』, 『우리 부부 어디서 잘못된 걸까 2』 (이병준)	엡 4:32 요일 4:20
제6강	나도 이제 보니 괜찮은 사람이네요!	『자아 발견과 영적 성숙』 (강준민)	잠 23:7 빌 4:13
제7강	건강한 부자가 되고 싶어요!	『깨끗한 부자』(김동호)	딤전 6:10 빌 4:11-12
제8강	서로 만지고 살자고요!	『준비된 접촉이 인생을 바꾼다』 (이요섭)	사 46:4 잠 5:19
제9강	당신과 사랑하고 싶어요!	『화성남자 금성여자의 침실 가꾸기』(존 그레이)	고전 7:3-4 히 13:4
제10강	자녀, 건강하게 키웁시다!	『내 아이의 미래를 결정짓는 가정원칙』(정정숙)	엡 6:4 시 127:3
제11강	가정사역, 이래서 중요합니다!	『땅에서 풀어야 하늘이 풀린다』 (이희범)	마 28:19-20 행 1:8
종강	부부학교를 마치고		

* 필수과정인 부부 내적치유는 각 팀별로 있습니다(별도 회비).
* 날짜는 팀 사정에 따라 조정할 수 있습니다.

우리 가족 소개

남편 이름/　　　　　　　　　　　　**아내 이름/**

애칭	애칭

주소: _____

전화: 자택_____　사무실_____

E-mail: _____

섬기는 교회 _____교회　핸드폰 _____

가족관계　　　　　　　　　　　　결혼기념일: _____ **년　월　일**

관계	이름	나이	생년월일 (양·음)	직분	직업	근무처	
남편		세	.　.　.(+ · -)				
아내		세	.　.　.(+ · -)				
		세	.　.　.(+ · -)			학교	학년
		세	.　.　.(+ · -)			학교	학년
		세	.　.　.(+ · -)			학교	학년
		세	.　.　.(+ · -)			학교	학년
		세	.　.　.(+ · -)				

* 우리 가족을 재미있게 소개해 주세요.
* 기록하신 후 팀 리더 부부에게 제출하여 주십시오.
　리더 부부는 1부 복사 후 본부에 제출하십시오.

우리 팀 가정들을 위하여

관계	애칭	이름	생년월일 (양·음)	이메일
남편		세	. . .(+ · −)	
아내		세	. . .(+ · −)	
		세	. . .(+ · −)	
		세	. . .(+ · −)	
		세	. . .(+ · −)	
		세	. . .(+ · −)	
		세	. . .(+ · −)	
		세	. . .(+ · −)	

주소　　　　　　　　　　　　　　　　　　　결혼일 :

☎ 자택　　　　　사무실　　　　　핸드폰

기도 제목

관계	애칭	이름	생년월일 (양·음)	이메일
남편		세	. . .(+ · −)	
아내		세	. . .(+ · −)	
		세	. . .(+ · −)	
		세	. . .(+ · −)	
		세	. . .(+ · −)	
		세	. . .(+ · −)	
		세	. . .(+ · −)	
		세	. . .(+ · −)	

주소　　　　　　　　　　　　　　　　　　　결혼일 :

☎ 자택　　　　　사무실　　　　　핸드폰

기도 제목

관계	애칭	이름	생년월일 (양·음)	이메일
남편		세	. . .(+ · −)	
아내		세	. . .(+ · −)	
		세	. . .(+ · −)	
		세	. . .(+ · −)	
		세	. . .(+ · −)	
		세	. . .(+ · −)	
		세	. . .(+ · −)	
		세	. . .(+ · −)	

주소   결혼일 :

☎ 자택   사무실   핸드폰

기도 제목

관계	애칭	이름	생년월일 (양·음)	이메일
남편		세	. . .(+ · −)	
아내		세	. . .(+ · −)	
		세	. . .(+ · −)	
		세	. . .(+ · −)	
		세	. . .(+ · −)	
		세	. . .(+ · −)	
		세	. . .(+ · −)	
		세	. . .(+ · −)	

주소   결혼일 :

☎ 자택   사무실   핸드폰

기도 제목

성구 암송

제1강_ 우리 가정 멋지게 세워 가야지요!

시 127:1 여호와께서 집을 세우지 아니하시면 세우는 자의 수고가 헛되며 여호와께서 성을 지키지 아니하시면 파수꾼의 깨어 있음이 헛되도다

전 9:9 네 헛된 평생의 모든 날 곧 하나님이 해 아래에서 네게 주신 모든 헛된 날에 네가 사랑하는 아내와 함께 즐겁게 살지어다 그것이 네가 평생에 해 아래에서 수고하고 얻은 네 몫이니라

제2강_ 가정, 하나님의 작품이에요!

창 2:24-25 이러므로 남자가 부모를 떠나 그의 아내와 합하여 둘이 한 몸을 이룰지로다 아담과 그의 아내 두 사람이 벌거벗었으나 부끄러워하지 아니하니라

막 10:7-9 이러므로 사람이 그 부모를 떠나서 그 둘이 한 몸이 될지니라 이러한즉 이제 둘이 아니요 한 몸이니 그러므로 하나님이 짝지어 주신 것을 사람이 나누지 못할지니라 하시더라

제3강_ 말, 통하여 살고 싶어요!

엡 4:29 무릇 더러운 말은 너희 입 밖에도 내지 말고 오직 덕을 세우는 데 소용되는 대로 선한 말을 하여 듣는 자들에게 은혜를 끼치게 하라

히 4:12 하나님의 말씀은 살아 있고 활력이 있어 좌우에 날선 어떤 검보다도 예리하여 혼과 영과 및 관절과 골수를 찔러 쪼개기까지 하며 또 마음의 생각과 뜻을 판단하나니

제4강_ 당신을 정말 알고 싶어요!

벧전 3:7 남편들아 이와 같이 지식을 따라 너희 아내와 동거하고 그를 더 연약한 그릇이요 또 생명의 은혜를 함께 이어받을 자로 알아 귀히 여기라 이는 너희 기도가 막히지 아니하게 하려 함이라

골 3:18 아내들아 남편에게 복종하라 이는 주 안에서 마땅하니라

제5강_ 갈등하고 싶지 않아요!

엡 4:32 서로 친절하게 하며 불쌍히 여기며 서로 용서하기를 하나님이 그리스도 안에서 너희를 용서하심과 같이 하라

요일 4:20 누구든지 하나님을 사랑하노라 하고 그 형제를 미워하면 이는 거짓말하는 자니 보는 바 그 형제를 사랑하지 아니하는 자는 보지 못하는 바 하나님을 사랑할 수 없느니라

제6강_ 나도 이제 보니 괜찮은 사람이네요!

잠 23:7 대저 그 마음의 생각이 어떠하면 그 위인도 그러한즉 그가 네게 먹고 마시라 할지라도 그의 마음은 너와 함께 하지 아니함이라

빌 4:13 내게 능력 주시는 자 안에서 내가 모든 것을 할 수 있느니라

제7강_ 건강한 부자가 되고 싶어요!

딤전 6:10 돈을 사랑함이 일만 악의 뿌리가 되나니 이것을 탐내는 자들은 미혹을 받아 믿음에서 떠나 많은 근심으로써 자기를 찔렀도다

빌 4:11-12 내가 궁핍하므로 말하는 것이 아니니라 어떠한 형편에든지 나는 자족하기를 배웠노니 나는 비천에 처할 줄도 알고 풍부에 처할 줄도 알아 모든 일 곧 배부름과 배고픔과 풍부와 궁핍에도 처할 줄 아는 일체의 비결을 배웠노라

제8강_ 서로 만지고 살자구요!

사 46:4 너희가 노년에 이르기까지 내가 그리하겠고 백발이 되기까지 내가 너희를 품을 것이라 내가 지었은즉 내가 업을 것이요 내가 품고 구하여 내리라

잠 5:19 그는 사랑스러운 암사슴 같고 아름다운 암노루 같으니 너는 그의 품을 항상 족하게 여기며 그의 사랑을 항상 연모하라

제9강_ 당신과 사랑하고 싶어요!

고전 7:3-4 남편은 그 아내에 대한 의무를 다하고 아내도 그 남편에게 그렇게 할지라 아내는 자기 몸을 주장하지 못하고 오직 그 남편이 하며 남편도 그와 같이 자기 몸을 주장하지 못하고 오직 그 아내가 하나니

히 13:4 모든 사람은 결혼을 귀히 여기고 침소를 더럽히지 않게 하라 음행하는 자들과 간음하는 자들을 하나님이 심판하시리라

제10강_ 자녀, 건강하게 키웁시다!

엡 6:4 또 아비들아 너희 자녀를 노엽게 하지 말고 오직 주의 교훈과 훈계로 양육하라

시 127:3 보라 자식들은 여호와의 기업이요 태의 열매는 그의 상급이로다

제11강_ 가정사역, 이래서 중요합니다!

행 1:8 오직 성령이 너희에게 임하시면 너희가 권능을 받고 예루살렘과 온 유대와 사마리아와 땅 끝까지 이르러 내 증인이 되리라 하시니라

마 28:19-20 그러므로 너희는 가서 모든 민족을 제자로 삼아 아버지와 아들과 성령의 이름으로 세례를 베풀고
내가 너희에게 분부한 모든 것을 가르쳐 지키게 하라 볼지어다 내가 세상 끝날까지 너희와 항상 함께 있으리라 하시니라

책! 이렇게 읽었습니다

제   강

도서명 _____   제출자_____

읽고 느낀 점이 이렇습니다.

이렇게 실천해 보겠습니다.

부부 행복 체크리스트

이름 _____ 별칭 _____

리더 이름 _____

월 일 ~ 월 일	기록 방법	( ) / ( )	( ) / ( )	( ) / ( )	( ) / ( )	( ) / ( )	( ) / ( )	( ) / ( )
1. 자발적인 배우자 돕기	O, X							
2. 기적의 씨앗 심기(칭찬과 격려)	회/일							
3. 서로 만지고 삽시다	회/일							
4. 경건(묵상, 명상)의 시간	O, X							
5. 주제 구절 암송 및 묵상	O, X							
6. 가족과의 대화(배우자, 자녀)	O, X							
7. 부부 순장교 기도하기	O, X							
오늘 그(그녀)의 점수	100점							

지가원 후원가족이 되어 주십시오!

사단법인 지구촌가정훈련원은 아름다운 사람! 행복한 가정! 건강한 세상을 모토로 1998년 설립되어 부부학교 워크숍 6개월 과정을 비롯해서 국내외 부부세미나, 내적치유, 결혼예비학교, 주말부부 클리닉, 방송사역(극동방송, CBS, CTS) 등 가정회복의 최일선에서 오늘도 힘 있게 일하고 있습니다.

더 많은 가정을 치유하고 회복시킬 수 있도록 행복 씨앗을 뿌려 주십시오. 뿌린 씨앗이 더 많은 열매가 되도록 최선을 다하겠습니다. 지가원은 사단법인이라 모든 후원금에 대하여 연말 기부금 영수증 발행이 가능합니다.

● 후원등록카드 ●

신청인	(세)	휴대전화		E-mail	
배우자	(세)	휴대전화		E-mail	
주 소		전 화		결혼기념일	
교 회 (교 단)		담임목사		교회 홈페이지	
후원회비	월 원,		일시불 ( )구좌		

● 후원계좌안내 ● (자동이체를 이용하시면 편리합니다)
국민은행: 366901-04-163048   신한은행: 100-021-226317   예금주: 사단법인 지구촌가정훈련원

본인(교회)은 이 땅 위에 '아름다운 사람' '행복한 가정' '건강한세상'을 세우려는 지구촌가정훈련원의 목적과 비전에 동참하며 위와 같이 후원회원으로 작정합니다.

20 년 월 일

신청인 :   인

사)지구촌가정훈련원 귀중